U0668384

探寻北京文化 Explore Beijing culture
展现北京魅力 Embody the charm of Beijing

北京文化探微

张维佳　郗志群　贺宏志　主编

白　巍　王京晶　蔡一晨　王天娇　著

艺梦工厂

Dream Factory

Beijing 798 Art District

北京798艺术区

北京出版集团
北京教育出版社

图书在版编目（CIP）数据

艺梦工厂：北京798艺术区 / 白巍等著. — 北京 ：
北京教育出版社，2018.12（2020年11月重印）
（北京文化探微 / 张维佳，郗志群，贺宏志主编）
ISBN 978-7-5704-0896-2

Ⅰ. ①艺… Ⅱ. ①白… Ⅲ. ①文化产业－北京－通俗
读物 Ⅳ. ①G127.1-49

中国版本图书馆CIP数据核字（2018）第281524号

北京文化探微

艺梦工厂

北京798艺术区

YIMENG GONGCHANG

张维佳　郗志群　贺宏志　主编
白　巍　王京晶　蔡一晨　王天娇　著

出　版　北京出版集团
　　　　　北京教育出版社
地　址　北京北三环中路6号
邮　编　100120
网　址　www.bph.com.cn
总发行　北京出版集团
经　销　全国各地书店
印　刷　三河市同力彩印有限公司
版印次　2018年12月第1版2020年11月第2次印刷
开　本　710毫米×1020毫米　1/16
印　张　9
字　数　122千字
书　号　ISBN 978-7-5704-0896-2
定　价　46.00元

如有印装质量问题，由本社负责调换
质量监督电话 010-58572393

编委会

丛书主编：张维佳　郗志群　贺宏志

编　　委：（以姓氏笔画为序）

马淑琴　王天娇　王木霞　王东平　王京晶　戈兆一
白文荣　白　巍　冯　蒸　吕秀玉　朱冬芬　李冬红
李迎杰　李　艳　杨安琪　杨学军　伽　蓝　汪龙麟
张　孚　张冬霞　张亦弛　张维佳　陈春馨　陈　晴
陈　溥　赵建军　赵春光　赵崴羽　柴华林　高丽敏
黄丽敬　崔　静　彭　帅　韩雅青　蔡一晨

总　序

在任何一个国家，其首都文化都是立足于首都定位，根植于首都特色文化资源，在国家文化建设中起着示范性和引领性的作用。美国城市文化学者刘易斯·芒福德（Lewis Mumford）关于城市文化有一段著名论述："世界名都大邑之所以成功地支配了各国的历史，是因为这些城市始终能够代表他们的民族和文化，并把绝大部分流传后代。"

进入21世纪，中国迎来了新的历史时代。十九大报告明确指出"文化自信是一个国家、一个民族发展中更基本、更深沉、更持久的力量"，"深入挖掘中华优秀传统文化蕴含的思想观念、人文精神、道德规范，结合时代要求继承创新，让中华文化展现出永久魅力和时代风采"。"大力推进全国文化中心建设，提升文化软实力和国际影响力"是北京当前和今后一段时期的重要战略任务。如何弘扬和发展首都文化是北京建设全国文化中心的重要课题，对北京发展具有全局性的战略意义。

在这一新的时代背景下，我们十分需要对北京文化进行重新认识与解析，这是北京文化探微丛书出版的使命。

北京有着三千年的历史，是世界著名的古都和现代国际城市，孕育了底蕴深厚、丰富多彩、独特多元的北京文化。北京文化按照时间划分，可分为古代、近代、现代、当代四大类。按照内容性质，可细分为古城、皇家、民俗、革命、工业遗产、现代特色、大众休闲、文化艺术、奥运和文化教育等小类，并各自有着不同的空间载体。不同时期和类型的文化资源反映出北京城市文化精神内涵的不同方面。

北京文化探微丛书中一部分对北京城市文化空间现状进行简要解析，以期探索北京未来的文化发展空间与模式。比如长城、西山、长安街、中轴线、798艺术区等；丛书同时解析了数百年来人们在社会生活中形成并传承下来的各种文化形式，比如京剧、曲艺、老字号、俗语民谣等，意在普及推广优秀的传统文化，促进其在新时代的传播与发展。丛书循着"浅入浅出"的原则，结构上以散点的形式对北京文化的核心价值进行提炼，内容上关照承继，注重当下，面向未来，用通俗易懂的语言和具有代表性的图片，梳理北京文化的诸多方面。丛书力戒专业知识的堆砌，侧重义理的阐发，阐明北京文化中体现人类普遍价值和现代意蕴的内容，传承历史，裨益当代。

丛书在论述北京文化的过程中，始终把中华文化作为参照。中华五千年文化源远流长、博大精深，它是中华民族几千年文明的结晶，是由中华民族创造，为中华民族世世代代所继承发展，具有鲜明民族特色和深刻内涵的文化。从古至今，中华文化都对世界文明的发展贡献巨大，影响深远。北京文化是中华五千年文化的一部分，是中华文化在北京这一特定区域的特色化发展，北京文化无不具体体现着中华文化的印迹。

北京文化探微丛书以文化自信为依归，在新时代背景下和国际化的视野中重新审视北京文化，向大众展示北京的首都风范、古都风韵、时代风貌，擦亮首都文化的"金名片"，是一套"立足本国又面向世界"的普及类图书，可以很好地助力北京在全国文化建设中发挥示范带动作用，助力北京文化走出去，助力北京在国际上形成更大的影响力。

张维佳

新锐·时尚——艺术 798

798艺术区坐落于北京朝阳区酒仙桥大山子地区，故又被称为大山子艺术区，尽管这一名称远不如前者深入人心。

这里西约起酒仙桥路，东约至驼房营路以西，北起酒仙桥北路，南至万红路，占地面积约60万平方米。各式各样的画廊、工作室、时尚店铺、设计公司、餐饮酒吧等汇聚于此，使之成为一个集艺术中心、高档时尚区、旅游区为一体的都市空间，当代艺术在这片土地上展现着它的前卫与丰富。游人慕名前来，流连忘返，感受着艺术与时尚的魅力。

半个多世纪前，这里还是京郊一片荒芜的保密工厂。这些工厂诞生于新中国的工业化浪潮中，经历过热火朝天的生产建设，也在产业升级后不可避免地衰落。20世纪90年代后期，工厂逐渐陷入停产或半停产的困窘境地，大量厂房闲置。

适逢当代艺术在中国渐渐拥有独立的生长空间，民间艺术力量在这座城市的各个角落中逐渐聚集壮大。废旧厂房以其空旷开阔的场地与低廉的租金吸引来天南海北的画家、音乐人，以及艺术相关行业的从业者入住。他们很快成为一股强劲的主导力量，重新定义了这里的一砖一瓦、一草一木。不久后，这个成功转型的艺术社区便闻名国内外。2003年，美国《时代》周刊把它评为"全球最有文化标志性的22个城市艺术中心"之一；同年，北京首度入选美国《新闻周刊》"年度12大世界城市"评选，个中原因就包括798艺术区从废旧厂区到时尚社区这一蜕变。

伴随着中国当代艺术的勃兴，798蓬勃发展起来。越来越多的艺术家在这里设立工作室，国内外的画廊与艺术机构亦在此开办。各种公共展览在这里举行，越发扩大了其知名度；798还有了自己的艺术节……艺术、时尚、多元、典雅，798渐渐成为一种独特的生活方式的体现，也成为北京城市文化的一张亮丽名片。

尽管798在短时间内迅速成长为重要的当代艺术中心，并成为新的城市地标，但它的发展却并非一帆风顺。艺术、资本，甚至政策，798的前行始终被裹挟在各方势力的角力之中。回顾历史，这里曾打响过艺术家们与地产商之间的"保卫战"；立足现在，商业化浪潮也冲击着这片曾经的艺术净土……798的未来将何去何从？

从曾经紧张有序的工厂车间，到如今充满奇思妙想的当代艺术社区，798的这场华丽转型中充满了奇妙与偶然，也与时代的风起云涌紧密相连。就让我们跟随这本小书，走进798的前世今生，寻访这座艺术时尚中心背后的故事，看看当代艺术在这里画出怎样的发展轨迹。当你再次来到这里时，或许会有不一样的感受。

白　巍

目　录

艺梦二厂

北京 798 艺术区

1

转变

—— 从军工厂到艺术区

前身：一座军工厂的兴衰

兴建：工业化浪潮中的电子工厂

798目前的所有者——北京七星华电科技集团有限责任公司，曾在2015年编制了一本名为《（1952年—1964年）国营第七一八厂（国营华北无线电器材联合厂）厂史》的内部资料，其中详述了798的历史变革。

1951年，国营华北无线电器材联合厂（下文简称联合厂）的筹建工作有条不紊地开展起来。

对于当时的新中国而言，建立一个完整的工业化体系是工作的重中之重。在这场以重工业为核心的工业化浪潮中，联合厂的兴建被提上日程。

1951年10月，中央通过了建立电子管厂和无线电零件厂的请示报告。筹建方案于11月被送往德国，时任电信工业局技术处处长的罗沛霖先生负责前期的考察研究。在当时民主德国重工业部部长齐勒与无线电远程通信工业局专家那格勒的帮助下，罗沛霖考察了近50个研究单位与工厂，最终确定引进18家单位的80多项产品。1953年10月，工厂的计划任务书获得了国家计委的批准，成为新中国"一五"期间156个重点

图 1-1　1957年的华北无线电器材联合厂（作者提供）

项目之一。1954年，联合厂在北京东郊寂静的酒仙桥地区破土动工。经过紧张高效的基础建设，仅仅过去三年，1957年，联合厂便宣布开工生产。（图1-1）

　　与大部分早期工业化建设项目一样，从资金到技术，联合厂都得到了苏联及东欧国家的积极支持。它是当时国际上对中国最大的援建项目之一。建成后的厂区占地面积约60万平方米，其中建筑面积约15万平方米，是当时工业化建设中规模最大的企业之一，其规模在社会主义阵营中也可位居前列。联合厂的建设款项基本来自民主德国对苏联的战争赔款，规划设计也由民主德国专家全权负责。在当时的民主德国也不具有规模可与之并肩的工厂，时任民主德国副总理的厄斯纳组织了44个院所与工厂的权威专家，成立了一个后援小组，协助完成了这一"巨无霸"工厂的建设。

　　到1959年最后一位民主德国专家回国之时，前前后后共有150余位民主德国专家参与了联合厂的援助建设。从厂房建设、设备调试再到产品生产，德国专家们在各方面严格把关，事无巨细。不仅仅是专业的生产技术，专家们对生产质量近乎"固执"的严谨，也给工人们留下了深刻

的印象。（图1-2）

除此之外，德国专家还将一种起源于德国的著名建筑风格——包豪斯风格——带到了联合厂。（图1-3）这种风格得名自现代设计史上鼎鼎有名的包豪斯学校（简称包豪斯），它在艺术与工业这两项看似

图1-2　1957年德国专家斯特尔正在指导工人在自动压床上压瓷坯（作者提供）

风马牛不相及的行业间搭起了一座桥梁，旨在借助艺术与技术的结合打造一种独特的工业美学。不同于以往死板机械的工业制品，包豪斯希望它们的建筑设计既能够适应现代工业大批量生产所需要的简练实用，同时又不失艺术设计感。包豪斯曾引领世界范围内设计的发展与走向，是现代设计的开端。即使在今天，包豪斯风格在我们的日常生活中依然可见。

图1-3　798艺术区中的包豪斯建筑（王天娇摄）

这些坐落在酒仙桥的厂房毫无疑问是这种风格的鲜明体现。整个厂区规划布局宏伟，房屋高耸宽阔，屋顶呈现出优美的半弧形，并以锯齿形状排列起来，简洁有序。阳光透过巨大的玻璃窗变得均匀柔和，电耗得以大大降低。厂房既满足大工业生产的需要，又带给人简洁明快的悦目感。如今，这种包豪斯式的厂房建筑设计群，仅在中、德、美等国家有极少量存留，是工业艺术史上的一笔宝贵的遗产。

盛衰：走过工业时代

新中国的工业化生产就在这里如火如荼地开展起来。中苏关系紧张后，华北无线电联合器材厂这一名称就成了历史，取而代之的是"718联合厂"这一保密名称。在过去的很多年里，这些保密工厂在新中国的电子工业、通信工业、国防事业建设中发挥了巨大作用。《人民日报》称它是"我国第一座规模巨大的现代化的制造无线电元件的综合性工厂"，是我国无线电元件生产的先河与基础。（图1-4）（图1-5）

在鼎盛时期，联合厂的电子元件产量占据了全国总产量的四分之一，军用产品的二分之一。工厂还向各地培育输送了大量人才，促进了全国范围内电子工业的发展。中国第一颗原子弹、氢弹的很多关键元件，就出自这

图1-4　718联合厂工人正在生产（作者提供）

些"进厂必须查三代"的神秘工厂。联合厂还在通信器材、计量测量仪器、军工电子元件的建造发展中发挥了重要作用，中国第一颗人造卫星的成功也有它的一份功劳。联合厂在新中国的早期经济建设中可谓功勋卓著。

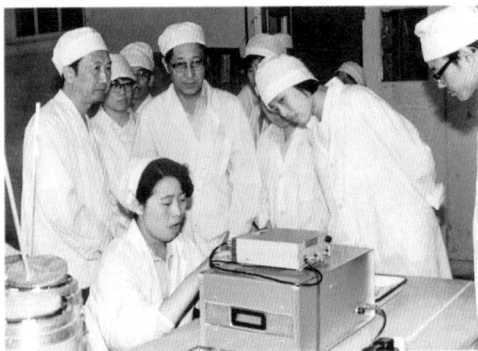

图1-5　718联合厂众人参观生产现场（作者提供）

1964年，中华人民共和国第四机械工业部撤销了718联合厂的建制，原有的六个生产车间被分立为部直属的706厂、707厂、718厂、797厂、798厂及751厂，各厂独立经营。"文革"后，这里又设立了电子工业部第十一研究所。不过，在不甚了解这些内部结构的人们口中，这里就被统称为718大院。直到今天，718大院里还维持着老厂房的格局。

工厂兴建后的最初二三十年，中国走过了火热的社会主义建设时期，也历经了动荡不安的十年。时代的印记直到今天仍在那里清晰可见。如果你漫步在798的一些老建筑中，不经意地一抬头，可能就会撞见墙上粉刷的标语与口号，它们斑驳的痕迹无声地诉说着过往的时光。（图1-6）

不过在这段时间里，工厂的生产始终未受到什么实质性的影响。在机器轰鸣声中，车间每日紧张有序地进行着生产工作，源源不断地为国家提供着军需品。

改革开放前后，随着中国外部环境的改善与发展战略的调整，军工产业的比重也显著下降。伴随着国家大裁军，工厂的管理权从军队移交到了电子工业部，最后又交给北京市统一管理。由于军事订单减少，工

图 1-6　798艺术区中的旧工厂（王京晶摄）

厂的生产开始向民用产品转型。

在最初的一段时间里，转型为工厂带来了新的生机与活力。但好景不长，进入20世纪90年代，中国市场渐渐向世界打开，电子工业在这一时期飞速发展。基于电子管生产的老军工厂在半导体时代的冲击下手足无措，跨国公司与合资企业的介入使得它风光不再。与这一时期其他国营单位一样，产品失去销路，工厂陷入生存危机，举步维艰，基本上处于半停产状态。职工人数被不断削减，此前运转不停的机器积起了灰，大量厂房也被闲置了下来。

2000年底，798厂等六座工厂被整合重组为北京七星华电科技集团有限责任公司（简称七星集团）。联合酒仙桥、大山子一带12个电子工厂，政府计划将这里重新规划建设为一处与中关村东西呼应的电子产业园，产业园的前期规划与准备工作由七星集团主要负责。此时，老军工厂已完成了自己的历史使命，即将在经济体制转型与新一代产业升级革命中黯然退场。

回首这座老工厂半个多世纪以来的风风雨雨，它就像一卷胶片，沉默而忠诚地记录下一个时代的缩影。即使在今天，透过留存下来的设备与厂房，人们也依旧能感受到20世纪的工业气息。它留下的各类文献、影像资料，是如今研究新中国工业发展史不可多得的宝贵资料。2018年1月，中国科协调宣部、中国科协创新战略研究院、中国城市规划学会公布了"中国工业遗产保护名录（第一批）"，其中收录了100项国家级工业遗产。北京市有八处入选，718联合厂就是其中之一。

不论是工厂遗留下的机械设备，抑或是墙上保留下的历史印迹，无不令艺术家——这些798之后的入住者们慨叹。在这里，过去以符号的形式与当下并存着，不同的文化、不一样的时代气息在这里碰撞，厚重的历史与先锋的时尚巧妙地融汇在一起，形成了一份独一无二的文化气

图 1-7　厂房外墙保留的标语，历史与现代在798交融（王天娇摄）

质。（图1-7）（图1-8）

　　不过这些都是后话了。此刻，让我们再次回到这座老军工厂历史发展的关键转折点。倘若按照原有的规划，假以时日，这里或许会发展成为附近IT产业园下属的一座小型产业园区。但恰恰在这时，艺术介入了这片老旧厂房，在这里生根并蔓延开来，最终将这座老工厂的未来扭转到了一个截然相反的方向。

图 1-8　工业与艺术在798交融（王京晶摄）

　　2000年到2003年，仅仅数年，798艺术区就已经蜚声国内外。它是美国《时代》周刊评选中的"全球最有文化标志性的22个城市艺术中心"之一，被外界评价为"北京最文艺的地区"之一。老军工厂的影响已然不再，艺术接手了这里并大放异彩。

　　这场转变来得偶然，却也似乎合情合理。

时代：现当代艺术的变革

20世纪八九十年代的中国，从上到下都发生着一场激烈的转型。政治环境的改变带来了全新的社会氛围，改革开放以来的经济体制改革更是重新塑造了中国的社会生活。90年代伊始，市场化与全球化的影响已然席卷中国上下，中国踏上了从计划经济向社会主义市场经济转型的道路。积极主动或者身不由己，每一个普通的个体都参与到这场变革之中。

从经济发展的角度来看，798从老工业区转变为艺术区是社会经济大背景下产业升级转型的结果，不过艺术界内部生发出的变革力量同样不可忽视。如果说前者为798的出现提供了土地空间这一有形的资产的话，后者则是它无形的助力。

798的兴起与中国现当代艺术的发展密不可分，随着社会生活方式的变化，文化的多元发展，艺术市场蓬勃兴起，艺术逐渐获得了成长的空间。没有这些前期积淀，也就不会有作为艺术区的798的出现。

图 1-9　《为什么》布面油画，108厘米×136厘米，高小华作，1979年获第五届全国美展银奖，中国美术馆藏（作者提供）

解放思想：从"星星美展"到"'85新潮"

20世纪70年代中期之前，意识形态一直是艺术领域的唯一主导，艺术的主体并不是艺术家个人，而是国家意志。70年代中期，政治环境渐渐松动，旧有的教条与惯例终于被艺术家们抛弃。70年代末涌起一股回归人性与生活的潮流。普遍带有忧伤倾向的伤痕艺术描述着普通人的生活，而不再像原先那样表现塑造典型的"高、大、全"英雄人物形象。在这些唯美的忧伤情绪之下，艺术家们含蓄地表达着对过去历史的反思

与批判。（图1-9）

在随后的日子里，艺术的创造力获得了更大解放，更多丰富与大胆的作品涌现出来，争先恐后地昭示一个崭新时代的降临。这场变革不仅发

图1-10　1979年的"星星美展"（作者提供）

生在创作的题材、内容、观念、方式这些具体的实践层面上，它还向下钻得更深，触碰甚至改变了整个创作体制。

1979年，一场与众不同的展览揭开了中国现代艺术的序幕。这一年的9月27日，很多经过中国美术馆的人惊讶地看到，中国美术最权威的地方之一——中国美术馆的东小花园栅栏上，一大堆作品正被挂出来露天展览。（图1-10）很多人被吸引过去，接下来他们将会因这些作品的前卫而目瞪口呆。（图1-11）黄锐、马德升等23名年轻艺术家筹办了这场"展览"，展览被命名为"星星美展"。第三天，这场展览被勒令禁止，不过在艺术家们的抗议、争取以及时任美协主席等人的支持下，11月

图1-11　《沉默》，木雕，王克平作，"星星美展"代表作品（作者提供）

13

图 1-12 参与"星星美展"的画家合影（作者提供）

底，这些作品重新在北京北海公园亮相。（图1-12）

"星星美展"在今天看上去可能不足为奇，但在当时轰动一时。参与的23名青年艺术家大多是业余搞艺术创作：黄锐是一家皮件厂的工人，马德升在机械所当描图员，严力刚学了两个月的画，王克平连毕加索都不知道……展览作品包括中国画、油画、水墨画、素描、木刻版画、木雕作品等，共计163件，大多采用了西方现代派的风格。自由的表现手法冲击着刚刚走出禁锢氛围的观众们的视觉。展出地点是中国美术馆外东侧绿地公园的铁栅栏。对于当时的观众来说，一墙之隔的美术馆里正在展出庆祝新中国成立三十周年的全国美展，那种庄严端正的样子，才是一般认知经验中的艺术展览的样子。

"星星美展"是被投入水中的一枚小石子，早已暗流涌动的中国艺术界将因此掀起滔天巨浪。"星星美展"的艺术家们在宣言中充满浪漫精神地宣称："我们用自己的眼睛认识世界，用自己的画笔和雕刀参与了世界……我们的画里有各自的表情，我们的表情诉说各自的理想。"艺术在这里是自由的、是自我表现的、是批判与反思的。这一潮流随后将会以各种各样的变体形式席卷整个中国艺术界，后来的艺术史学家们会把它追溯成中国现代艺术的先驱。在年轻的艺术家热烈地诉说自我、激烈批判的同时，星星之火终得燎原。

到20世纪80年代中期，现代主义美术思潮已经遍地开花。全国范围内涌现出大量青年艺术团体，年轻的艺术家们积极地在各类期刊杂志上发表文章，或举办艺术展览与学术研讨会介绍推广现代的风格、观念。根据社会学者童滇对"'85时期"各地区美术群体的社会学统计，1977年至1986年参与现代艺术活动的人员中，55岁以上的老艺术家有102位，占总人数（4817人）的2.1%；36岁到54岁的中年人占比5.3%（253人），35岁以下的年轻人则达到了92.6%（4462人）。这其中，以1985年（926人）与1986年（3475人）两年最盛。1985年前后，各方力量从四面八方汇聚成一股锐不可当的新生浪潮。这就是著名的"'85美术新潮"。

在1986年一篇题为《'85青年美术之潮》的总结文章中，学者高名潞曾将这一时期主要的艺术群体与艺术活动概括为三大类：一是以"北方艺术群体"的展览、"浙江'85新空间"展览、"江苏青年艺术周"大型展览等为代表的"理性与宗教气氛"，二是以上海的"新具象画展"、云南的"新具象画展"、北京的"11月画展"、深圳的"零展"、山西的"现代艺术展"等为代表的"直觉主义与神秘感",三是以行为与装置为主的"观念更新与行为主义"。(图1-13)(图1-14)(图1-15)(图1-16)(图1-17)(图1-18)

总体来说,"'85美术新潮"深受西方现代思想的影响。艺术家们在精神分析哲学、存在主义哲学、生命哲学等现代哲学的启发与支撑下,创作了大量极具批判与反叛意味的作品。这也使得"'85新潮"不仅是一场美术思潮,同时也是一场理论运动,一场思想解放运动,是20世纪80年代中后期引人瞩目的精神遗产之一。如艺术批评家黄专在《创造历史——对中国20世纪80年代现代艺术的精神祭奠》一文中敏锐地指出,这场现代意义的启蒙思潮是对"五四运动"以来对西方各种哲学、艺术到文化思想全面接受的立场的直接承袭,包括黑格尔、叔本华、尼采的绝对意志,柏格森的非理性直觉、萨特的存在主义,从抽象派到野兽派,从"达达派"到"波普主义",几乎所有近现代的西方艺术和哲学流派都可以在这里获得共鸣。

尽管已经过去三十余年,人们对"'85新潮"留下的遗产至今依然讨论不休。在反复审视中,人们逐渐意识到这场运动在如何平衡西方艺术与本土文化的关系、如何将艺术创作市场化等诸多问题上存在弊病,它对之后的艺术发展的影响也应当被更客观公允地评价,而不是一味神化。但不可否认的是,"'85新潮"是中国现代艺术史上里程碑式的事件。尽管存在着一定的"拿来主义"倾向,但思想解放、批判传统、自由前卫的精神被传递了下去,成为艺术界的标杆与追求。

无论如何,从1979年这一中国现代艺术元年算起的十年间,中国现代艺术首度被纳入殿堂,恰与十年前那场东栅栏上的展览遥遥呼应。

进入20世纪90年代,艺术界又将迎来一系列的变化,兴起一些崭新的场域。

图 1-13 《北方极地之一》，王广义作，1985年。王广义是"北方艺术群体"的代表艺术家（作者提供）

图 1-14 1987 年"北方艺术群体双年展"期间，王广义、高名潞、舒群、刘彦、周彦等和参观者合影（作者提供）

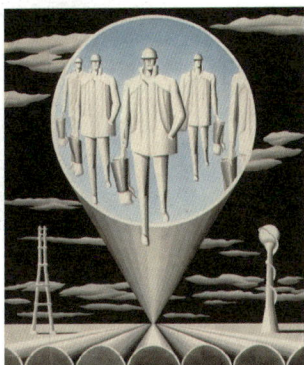

图 1-15 《人·管道1号》，宋陵作，1985年。宋陵是"'85新空间"的代表艺术家（作者提供）

图 1-16 《夜》，毛旭辉作，1985年。毛旭辉是"西南艺术群体"之"新具象"团体的代表艺术家（作者提供）

图 1-17 《仲夏的泳者》，张培力作，1985年（作者提供）

图 1-18 《正反的字》，谷文达作，1986年（作者提供）

图 1-19　第二届"星星美展"全体人员合影，1980年（作者提供）

出走体制：独立艺术家与被拆除的画家村

今天我们一提起艺术家，脑海中最先浮现的印象大概是从事自由职业的艺术创作者们。不过，一直到20世纪80年代后期，国内绝大多数的艺术家都还隶属于国家的某个文化机构，在固定的单位里领取工资、进行创作。"星星美展"中出现了一些民间、业余的艺术家群体，不过他们的身份关键词还是"业余"——对于当时这些艺术家来说，艺术创作是他们正职工作之外的一项副业。（图1-19）

但随着改革开放，个体经济逐渐扩散并走向成功，艺术创作者们脱离体制的日子也就不远了。20世纪80年代兴起了一片"下海"热，90年代国企改制打破了不少曾经的"铁饭碗"。南下打工在90年代曾一度成为热潮，北京等城市也迎来了大量的"北漂"一族。艺术家们想要追求生活上的无拘无束，在自由与独立的生存环境中追寻创作的灵感，尤其是在这样一个理想主义与反叛精神盛行的年代。自90年代伊始，越来越多的艺术家脱离工作单位，选择独立自由的生活方式。

卖画是他们的主要谋生手段。他们中有些人原来是体制内艺术家，主动辞去旧有工作或由于原有机构合并取消而失去工作。有些人是刚毕业的院校生，没有选择分配的工作而走上了自由创作的道路。这些画家有的受过专业艺术训练，也有不少人自学成才。尽管个体间存在种种差异，但这批艺术家还是渐渐聚集成了一个个圈子，他们聚居在一起，交流与创作，自由而艺术地生活。

由此诞生了最早的艺术群落——画家村。20世纪90年代的北京郊区散落着众多此类画家村，其中最知名的莫过于北京东西两边的两大画家村。西边的是圆明园画家村，位于圆明园遗址南面的福缘门村，90年代初就陆陆续续有艺术家来到这里生活，如今蜚声国际的当代艺术家方力钧就曾经生活在这里。（图1-20）东边的画家村离今天的798就更近了，正好位于大山子地区。1992年起，苍鑫、张洹等人就居住于此。

今天，"艺术社区"成为一个流行词汇，798艺术区、酒厂艺术区、草场地艺术区、环铁艺术区……这些艺术社区，都能在最早的画家村中寻得

图1-20　圆明园画家村的艺术家们（作者提供）

到自己的前身。

　　除了从事自由职业的艺术家的出现，90年代初还出现了最早的一批独立策展人。在此之前，艺术展览如全国美展等，都是通过评委会的方式进行。1989年的"中国现代艺术展"与1992年的"广州双年展"，这两个影响较大的艺术展览，依旧是以组委会、评委会的形式运作，但组委会的很多成员在日后都成了重要的策展人。90年代中期开始，这些策展人开始策划一些专业展览，其中多是当代艺术。策展人对当代艺术的发展产生了重要的影响。

　　不过，出走体制的当代艺术所面对的，实际上是相当大的现实压力。与理想主义、反体制的浪漫自由生活相对应，出走的艺术家们过的也是一种没有固定工作、没有工资、没有社会保障，甚至没有户口与身份而成为户籍制度下的"盲流"的生活。艺术家们需要想方设法谋生，依靠打工、做生意、卖画等方式维持基本生活。外国人是这些艺术家作品的主要买主，但大部分时间展览与卖画都并不顺畅。艺术家们挣扎在最低生活线上。在某种程度上，这也解释了为什么这些画家村都位于偏远的城郊，低廉的民房出租价格无疑是艺术家们无奈之下的最好选择。

　　1992年几场惨淡的展览就是这些艺术家捉襟见肘的困窘生活的一个缩影。这一年的5月19日至21日，在北京友谊宾馆举办了"92新时期六人画展"，参展艺术家当时都居住在圆明园画家村：鹿林、伊灵、魏林、魏野、岳敏君、杨少斌。展览上一幅画都没有卖掉。6月19日至25日，"圆明园艺术家伊灵、洪波、李益、梁伟四人画展"在北京音乐厅画廊举办，参观者同样寥寥。7月12日，就在福缘门村外的小树林里，圆明园画家村的艺术家们举办了一场自由展览——"树林画展"。虽然吸引来了二十几位外国人、摇滚歌星崔健还有一些新闻记者等，但也没有任何一幅作品被卖出去。傍晚，一些艺术家以行为艺术的方式焚烧了画展的

其中一部分作品，展览以一种颇具悲情色彩的方式宣告结束。（图1-21）

凝望着自己的作品被徐徐焚烧成灰烬，白烟盘旋而上，这些圆明园艺术家们的心情应当是充满着酸楚与无奈的。回望他们是如何在漂泊的生活与模糊的未

图 1-21　艺术家以焚烧画作的方式结束了"树林画展"
（作者提供）

来之中挣扎求生，人们也就能够更宽容地理解为什么在这种乌托邦色彩的理想主义下，不得不掺杂进商业与市场的考量。

不仅市场尚未成熟，此时总体社会环境也并不算有利于当代艺术发展。参与者们大多处于边缘地位，以一种地下或半地下的状态存在。后来，中国美术馆等很多主流艺术机构在相当长一段时间不再接纳这些前卫的当代艺术，其他的一些展览也经常会由于审查问题被关闭。学者高名潞提出的"公寓艺术"这一概念无疑是对此时形势的生动概括。不容于体制而市场又未成熟，艺术家们只能自发地在酒吧、餐厅、超市、私人住宅等一些非艺术空间组织一些独立的展览形式，展览影响相当有限。

普通民众不能理解这些艺术家到底在"折腾"什么，管理部门也把这些视作安全隐患。1995年，圆明园画家村被拆除，原先居住于此的艺术家们只得四散寻找新的安身空间，后来宋庄的兴起很大程度上就与此相关。

20世纪90年代初期，出走体制的当代艺术在夹缝中艰难地寻找自己的生存空间。不过在此后几年，伴随着中国当代艺术的国际化与市场化，中国当代艺术的生态有了极大改善，也逐渐摆脱边缘与地下的身份标签，走进了公众视野。

走向公众：国际化、艺术市场与展览空间

不同于国内的惨淡经营，20世纪90年代初，中国的前卫艺术在国外获得了极大瞩目。西方艺术界对中国前卫艺术的兴趣，以及中国艺术家、策展人积极向外的推介共同促成了这一局面。中国的前卫艺术在世界各地的展览中频频露面：1986年美国举办"开门之后：中国当代艺术展"，1989年在法国举办的当代国际艺术大展"大地魔术师展"中有黄永砅、顾德新、杨诘苍三位中国艺术家，次年法国还举办了"献给昨天的中国明天——中国前卫艺术的会聚展"，1991年"我不想和塞尚玩牌——80年代中国新潮与前卫艺术选展"亮相美国，1992年中国前卫艺术家的作品出现在卡塞尔文献展的外围展"时代性欧洲外围艺术展"（简称"K-18展"）之中。1993年更是国际展览井喷的一年，有"中国前卫艺术展""毛走向波普展"等，这一年还有十余位中国艺术家的作品入选了第45届"威尼斯双年展"这样重要的国际展览，中国的当代艺术正在大举登上国际舞台。（图

图1-22　1993年"威尼斯双年展"部分参展中国艺术家合影（作者提供）

1-22）

同时发展起来的还有中国的艺术市场，而其兴起最初又与国外资本有着极大关联。中国当代艺术在国际交易市场上获得了不小的商业成功，民间艺术市场的早期买主也多是西方买家，在某种程度上，他们是那些体制外的艺术家赖以生存的基础。

图1-23　1992年"广州双年展"现场（作者提供）

随着中国市场经济体制改革的不断深入，民间资本也有了一定的累积，中国的艺术市场雏形渐渐形成。1992年"中国广州·首届九十年代艺术双年展（油画部分）"（简称"广州双年展"）的举办是中国当代艺术市场发展历史上一件具有里程碑意义的事件。"广州双年展"主动引入了民间资本，是私营企业家、评论家与艺术家合作的结果。虽然这场"双年展"当时产生了很多问题，投资人与艺术家之间留下了诸多至今牵扯不清的恩恩怨怨，但"广州双年展"开启了一场中国当代艺术市场化的革命。自此之后，中国的当代艺术越发与市场接轨，与之相关的拍卖行业、艺术经纪人、画廊等也在中国迅速发展。（图1-23）

艺术与市场之间的关系一直是笔算不清的账。不可否认，随着商业化程度的加深，渐渐出现艺术成为资本的一部分、成为商业的附庸的情况。艺术与商业怎样结合才算完美，直到今天依旧争论不休。但客观地说，当代艺术的力量壮大极大程度上要归功于市场的推动。这不仅解决了艺术家基本的温饱问题，也使当代艺术更加走向公众。拍卖公司赞助与推动了一些当代艺术展览，云峰画苑（创办于1986年）、红门画廊

（创办于1991年）、四合苑（创办于1996年）、世纪翰墨（创办于1997年）等画廊，也对中国当代艺术的发展起到推动作用。

1998年，成都的上河美术馆、沈阳的东宇美术馆和天津的泰达美术馆相继成立。三家美术馆都是由企业赞助而成立的民营美术馆，这些民间艺术机构的落地，极大程度上鼓舞了一直为展览场地所困扰的当代艺术。几年发展下来，当代艺术的展览渐渐增多，影响力也非早年那种"公寓艺术"可比。还有一些半官方的公共美术馆，早年发挥了重要作用的有首都师范大学美术馆和中央美术学院附中当代美术馆这样的学校美术馆，之后有像深圳何香凝美术馆、上海美术馆等，也以当代艺术为主打。还有一些非盈利的替代空间，也促进了当代艺术的落地。

尽管仍有不少展览出于各种各样的原因被审查、被关闭，总体而言，当代艺术依然逐渐得到了社会的接纳。2000年与2002年两届"上海双年展"、2002年"首届广州当代艺术三年展"的举办，体现出当代艺术与官方的制度体系与机构之间的弥合。2003年，中国美术馆建馆40周年的大型美术展览也向中国的前卫艺术敞开了大门。

回顾这段时期的中国当代艺术，不难看出它一步步地从边缘与地下走向了公众视野，并得到了社会的接受，甚至逐渐与日常生活接轨。随着经济日益发展、大众文化需求日渐提升，中国当代艺术也渐渐成为流行文化的一部分。

因此，798从老工业区向艺术区的转型，绝不仅仅只与工业发展的升级换代相关。虽然798艺术区是由艺术家们自发地聚集而形成，但它的保存与崛起背后却有中国当代艺术生态发展的影响。并且，798艺术区的出现也成为中国当代艺术史上浓墨重彩的一笔，二者互为因果，相辅相成。

契机：央美师生的到来

在市场经济发展的背景下，20世纪90年代的"718联合厂"早已不复往日的光景：曾经繁忙的工业生产线停摆已久，曾经喧天的机器轰鸣声也不再重现，空旷闲置的厂房内满是灰尘、遍布杂物，只余下墙壁上残存的红色标语还提醒着人们它辉煌的过去……如此陈旧不堪、破败的场景很难让我们将其和我们熟悉的798艺术区联系起来。现如今的798艺术区内，大量画廊与艺术机构落户其中，各式展览和艺术活动不曾间断，文创小店、餐饮商铺一应俱全，中外游客摩肩接踵、流连其间，或驻足欣赏，或拍照留念……（图1-24）（图1-25）（图1-26）

图1-24　798艺术区内，游客在涂鸦墙前驻足拍照（王京晶摄）

图 1-25　798艺术区内，游客在艺术商铺间流连（王京晶摄）

图 1-26　798艺术区内，餐饮商铺生意兴隆（王京晶摄）

如今，798完成了从昔日废弃的军工厂到繁华的时尚艺术商业区的华丽转变。而这片被时代抛弃的破旧厂区是如何在废墟中重获新生，摇身一变成为798艺术区的呢？其实，这一切源自一个偶然的契机——央美雕塑系师生的到来。

1995年，中央美术学院从古老而繁华的王府井旧校址搬离，在望京新校址尚未完工的情况下，师生们在大山子的北京电子器件二厂度过了6年的过渡教学时光，这个时期被称为"二厂时期"。正是这段过渡期，给已经沉寂许久的破旧厂区注入了新鲜的艺术血液，萌发了重生的希望与生机。

1995年，中国人民抗日战争纪念雕塑园破土动工，央美雕塑系接受市政府委托，制作抗日战争纪念群雕。这样大规模的雕塑工程对于雕塑系师生来讲，是一个巨大的挑战，于是雕塑系发动全系师生埋首于这一群雕项目的创作。人手问题尚好解决，可场地的问题就难办了，上哪儿去找能容纳全系师生一起工作的理想创作空间呢？尽管当时的"二厂工作室"已比原来的大了不少，却还是不足以应付这样的大型作品。苦于创作空间的缺乏，雕塑系师生们开始在大山子周围寻找适合创作的开阔场地。

此时，位于二厂街对面的酒仙桥4号院进入了他们的视线，这正是718联合厂的所在地。明亮开阔、安静便利、租金便宜的大量闲置厂房让师生们眼前一亮：这不正是我们要找的理想创作场所吗？于是雕塑系迅速拍板，以每天每平方米0.3元的低廉租金租了一个3000多平方米的仓库作为雕塑创作室。上百名雕塑系师生就这样在租用的闲置厂房内集中力量潜心创作，齐心协力完成了以国歌为主题，反映中国人民抗日战争历史的铜铸群雕作品。这38尊直径2米、高4.3米、重6吨的柱形雕塑，作为纪念抗日战争胜利55周年的重要献礼，被陈列在2000年7

图 1-27　《中国人民抗日战争纪念群雕》，立于北京市丰台区卢沟桥城南街77号的中国人民抗日战争纪念雕塑园（作者提供）

月竣工的中国人民抗日战争纪念雕塑园内，意义非凡。（图1-27）

　　从1995年到1998年的近4年中，雕塑系的所有教师学生都在此工作过。此后央美师生短期租用工厂的闲置厂房作为创作和教学场地成为一种惯例，朝气蓬勃的艺术家们在曾经的废墟上不断浇灌青春的热血与汗水，使得早已丧失生气的老树枯木竟萌发出了希望的新芽，为这批废弃军工厂房日后转变为作为艺术空间、艺术中心，甚至是艺术圣地的798艺术区开启了重生的大门。

　　如果没有央美的搬迁和群雕的委托任务，军工厂可能依旧是军工厂，而不会是今日的艺术区。从军工厂到艺术区，这场转变看似源于央美的到来这样一个偶然的契机，实则是历史的必然。即便不是798，也会有另一片厂房因为某种契机承载这场转变。而历史，选择了798，作为这场"华丽的转变"的承载体。

　　进入21世纪，伴随着望京新校址的按期完工，中央美术学院逐渐撤出大山子地区，"二厂时期"随之结束，但这并不意味着这场转变的终结。相反，一切才刚刚拉开序幕。

艺梦二厂

北京 798 艺术区

2

重生

——艺术家的聚集

初印象：首批居民的入住

隋建国：如果没有798

作为"在观念主义方向上走得最早也最远的中国雕塑家"，隋建国是中国最重要的当代艺术家之一，也是早期入住798的艺术家之一。（图2-1）

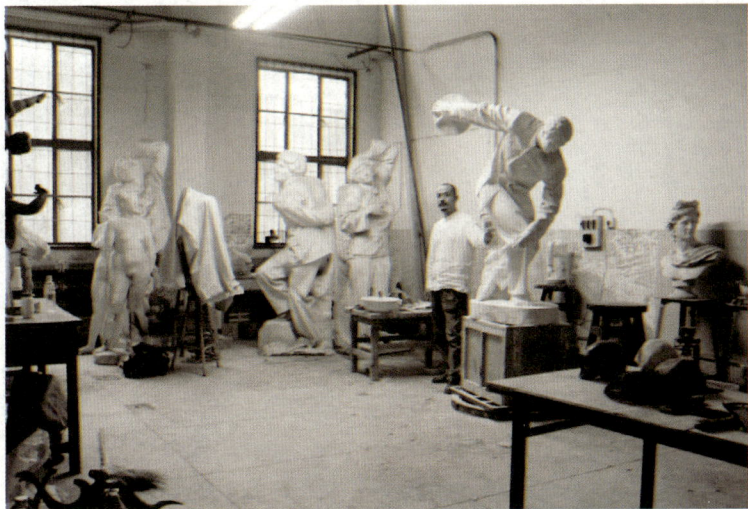

图2-1　1999年隋建国在798的工作室中（作者提供）

图2-2 《恐龙》系列，隋建国作，立于798艺术区尤伦斯当代艺术中心门前（王京晶摄）

央美"二厂时期"的结束并未切断央美师生与这片厂区的联系。在央美搬入望京新校址后，虽然雕塑系的教师每人都分到了工作室，但工作室的面积远不及798的厂房宽敞。俗话说，"由俭入奢易，由奢入俭难"，习惯了798工厂开阔的创作空间，面对略显局促的工作环境，不少雕塑系师生都难以适应。另一方面，原700厂、706厂、707厂、718厂、797厂、798厂等六家单位整合重组为北京七星华电科技集团有限责任公司，七星集团决定将闲置的房产出租给个人使用以充分利用资源。

隋建国于1989年在中央美术学院雕塑系获得硕士学位后便留校任教。央美撤出大山子地区后，时任雕塑系副主任的隋建国选择重新回到798，与同事于凡一起在706厂合租了一个80平方米的工作室，成为首批入住798厂区的艺术家。随后，贾涤非、陈羚羊、彭禹等艺术家也因为这里安静、空间大、租金便宜而接连进入了厂区。隋建国曾坦言，如果不是因为798厂房的开阔空间，他的很多大型雕塑作品根本不可能完成，例如1999年创作的《恐龙》系列（图2-2）和2003年长达35米的作品《衣纹研究——右手》。（图2-3）

图2-3 《衣纹研究——右手》雕塑，隋建国作，2003年，放置于隋建国当时在798的工作室外（作者提供）

要尝试完成这样的大型作品，对于所有的艺术家来说都是一项艰难的挑战。但是，798使得完成这样的挑战成为可能。在创作过程中，798厂房给艺术家提供的不仅仅是一个开阔的物理创作场地，更给予了他们一种自由的心理空间。这对于艺术家的心理状态和创作成果都能起到决定作用，对当代艺术创作的重要性也不言而喻。

刘索拉：杂草丛生却有情有调

开阔适宜的工作环境不仅对于视觉艺术的创作至关重要，对于听觉艺术来说也是如此。刘索拉在1985年凭借先锋派小说《你别无选择》而名声大噪之后，并没有选择以文学为谋生方式，而是重拾其中央音乐学院作曲系高才生的身份，选择在音乐道路上继续前行。

1997年，刘索拉在纽约建立了自己的乐队"索拉与朋友们"，并于1999年带领自己的乐队在北京举办的爵士音乐节上第一次亮相。这种混合了民乐、摇滚爵士乐及新音乐的先锋派音乐风格，一经面世，反响热烈，刘索拉便下定决心要将乐队留在北京。但难题也随之而来：去哪里找合适的排练场所？几经周折，798工厂映入了刘索拉的眼帘。一进入798，刘索拉当即拍板，签了一间200平方米的厂房。

那时的798只有二十几户人家，且大多是不拘小节的艺术家，邻里之间彼此熟悉，相处融洽，即便穿着拖鞋出门也无须顾忌。白天，艺术家们都窝在室内潜心创作，杂草丛生的环境使得这里看上去仍旧是那座废弃的工厂。可到了晚上，不愿下厨的艺术家们就得出门觅食了，不远处就有一家新开的法国乡村饭馆，偶尔碰上推着童车遛弯儿的邻居，寒暄两句便潇洒告别，直奔饭馆品尝一顿法式晚餐，配上红酒咖啡，好不惬意。"尽管杂草丛生，但是有情有调"，刘索拉回忆起刚刚入住798的时光不禁感慨万分。

此时的798与其说是一个艺术区，不如说是一个以艺术家为主体的居民社区。这二十几户人家在这里聚集，在这里创作，更在这里生活。尽管

"杂草丛生"，厂区内的一切仍百废待兴，"但是有情有调"，有艺术的格调，更有家的温情。

而这温情不止存在于艺术家群体内部。据刘索拉后来回忆，当时入住798的画家和雕塑家们没事就喜欢看刘索拉的乐队排练，不仅仅是艺术家，七星集团的员工也喜欢来这里听爵士乐、轻音乐。尤其是夏天，排练场外一群手拿芭蕉扇的男男女女，租户与厂方人员都聚集在此，此刻只因艺术，无关其他。可谁又能想到，不久之后，艺术家与七星集团之间如此温情和谐的场面却再难重现。

洪晃：无忧无虑的天堂

除了艺术家，不少处于创业初期的出版人、媒体人也同样被租金廉价的798厂区吸引。2001年，杂志《新潮·艺术现场档案》的编辑部进入798厂区，但出版第5期之后，由于投资中断而停刊，租期未满便宣告转手办公空间。随后，"名门痞女"洪晃带着自己的杂志创业团队入住了《新潮》撤走后的空间，在798厂区内扎根下来。

洪晃曾在《华尔街日报》中文网上回忆起自己入住798初期的日子。2001年，洪晃以0.7元一平方米的价格在798厂区租下了一个200平方米的空间。房子刚修好，她就和男友急急忙忙搬了进去，没有家具，放了一个床垫就算住下了。那时候，798还设有工人食堂，花色的水磨石地面、半截绿的墙壁，处处透露着浓厚的年代气息。而菜品的价格更是令人欣喜，3.6元一份小炒，10元就能吃得又饱又好。洪晃感慨，那时的自己好像突然回到了幸福无比、无忧无虑的20世纪70年代大食堂，简直就是天堂。更让她感动的是，大冬天的暖气不足，厂里居然还给她团队里的每一个人都发了一件棉背心御寒。

初入798的生活尽管没有舒适的居住环境，没有理想的生活条件，更没有想象中浓厚的浪漫氛围，但对于仍在城市边缘地带艰难摸索的艺术家群体和创业者们来说，大食堂和棉背心给予他们的温暖与归属感，比浪漫的咖啡厅更加可贵。

罗伯特：艺术家改造了它，当成家

罗伯特·博纳欧（Robert Bernell）之所以会被798艺术区的历史记住，不光因为他作为外国友人的特殊身份，也因其在日后作为推动798艺术区走向国际舞台的有力宣传者，在798艺术区的形成与发展过程中至关重要。

2002年，罗伯特租下了798厂内一处120平方米的回民食堂，在他的精心策划下，这里被改造成了一个名为东八时区（Timezone 8）的艺术书店。这家艺术书店渐渐成为艺术家、批评家、策展人等的出版、展览、活动的新闻发布会场所。此前的798聚集的只有作为艺术家创作空间的个人工作室，还算不上严格意义上的"艺术区"，而东八时区艺术书店是第一家作为艺术机构进入798的，因而罗伯特及其艺术书店的进入往往被认为是798艺术区的真正开端。（图2-4）

罗伯特本人是经营中国艺术网站的，他在1997年创办了网站Chinese-art.com，这是一个主要向西方人介绍中国当代艺术的英文网站，为诸如栗宪庭、尹吉男、殷双喜等评论家提供了一个向世界介绍中国艺术的窗口，罗伯特也因此结识了不少中国艺术家。通过这一交流平台，

图 2-4 东八时区艺术书店外景（作者提供）

罗伯特获知了798的相关信息，许多与之交流的艺术家随后也受其影响，看中了当时798厂区内宽敞明亮的空间、低廉的租金和远离世俗的创作氛围，因而陆续走进798，创立起自己的工作室或展示空间。798厂区内艺术家群体逐渐壮大，而798作为艺术区形成并发展的道路也正式展开。

罗伯特在回忆798艺术区时，将其与美国纽约的苏荷区联系起来。苏荷区（SOHO）作为世界著名的艺术区，在19世纪原是纽约最集中的工厂与工业仓库区。20世纪中叶，美国进入后工业时代，旧厂倒闭，商业萧条，苏荷区的大量仓库空间闲置废弃，五六十年代又因美国新锐艺术家们的入住而重获新生。如今的苏荷区已发展成集居住、商业和艺术为一身的一个完善的社区，被誉为"艺术家的天堂"，这与北京798艺术区的发展历程极其相似。罗伯特曾在2008年接受孔立雯采访时提到：798与苏荷区相似的地方特别多，因为是厂房不适合居住，艺术家便改造了它，当成家，复活了它。（图2-5）

对于早期入住798厂区的艺术家们来说，这里不仅仅是艺术创作的工作室，更是居住的场所，是家！是让在这座城市中漂泊无依的他们能找到些许归属感的港湾。而家的意义就在于——在家破败不堪时，要用艺术来改造它；当家遭遇生存危机时，更要用热血去捍卫它！

图2-5　纽约SOHO区街景（作者提供）

保卫战："星星"之火的胜利

"星星"汇聚

1. 黄锐与BTAP

1979年的"星星美展"可以看作是中国现代艺术的发端，拉开了中国现代主义艺术运动的序幕，而黄锐，作为"星星美展"的发起者和参与者之一，在二十年后又将"星星"之火带入了798艺术区，开启了798艺术区的新篇章。

2002年初，在日本一待就是十几年的黄锐在798租了一个大车间，作为其回到北京发展的起点。随后，他将日本东京画廊引入了他工作室旁边的一个400平方米的车间，在798设立了东京画廊的北京分支机构——北京东京艺术工程（BTAP）。东京画廊是日本最早建立的当代艺术画廊之一，机构老板田畑幸人的父亲山本孝先生曾经是亚洲艺术的先锋代表，早在20世纪50年代初就建立起东京画廊，将欧洲当代艺术介绍到日本，举办了多个艺术展，掀起日本当代艺术风潮，并推介过徐冰、蔡国强等中国艺术家的作品。（图2-6）（图2-7）

2002年10月，东京画廊邀请批评家冯博一在BTAP策划了第一次展

图 2-6 东京画廊BTAP外观（王京晶摄）

图 2-7 东京画廊BTAP馆内情形（作者提供）

览——北京浮世绘。正是通过这个展览，798艺术区开始被公众和媒体关注。策展人借用了日本江户时代形成的美术流派"浮世绘"这一概念，将其与北京都市文化的日常性内容结合起来进行思考。北京都市的"浮生"梦幻，与日本江户时代的"浮世"想象，二者之间有着某种内在的相关性，而这种有趣且自然的联系让观众对展览有了准确的理解。艺术家们将创作落实到现实的文化情境中，通过多媒体手段，揭示出人们在心理和情感层面上的欣慰、自足、错愕、困惑等冲突，表达出他们对存在状态的思索与诉求。更重要的是，"北京浮世绘"的展出成功打出了BTAP的招牌，让艺术家们了解和认可了这个展览空间，从而吸引并鼓励了更多艺术家向这里靠拢、聚集。（图2-8）（图2-9）

　　黄锐曾经在叶滢《窑变798》一书收录的访谈中谈到初入798厂房的

图 2-8　"北京浮世绘"展览现场，2002年（作者提供）

图 2-9　2003年，黄锐在画展上实施行为装置艺术《新酿中国通史》（作者提供）

情形：那是早春时节的傍晚，进去的时候里面特别黑，只有一点微光从布满灰尘的窗户里透出来，空旷的厂房里全是土，还堆有几台旧机器。尽管眼前的景象破败不堪，但黄锐却很喜欢，他尤其喜欢房子的弧线，他说："最美好的线都是弧形的。"黄锐和东京画廊的加入，也正如一缕微光透过尘埃照进了黑暗的厂房，为更多的"星星"力量指引了聚光的方向，而未来总有一天，微光汇聚，798最美好的曲线终将展示在世人面前。

2. 徐勇与时态空间

2002年10月底，"北京胡同游"的发起人、摄影艺术家徐勇在"北京浮世绘"美展成功推广自己后，打算做一个"北京浮世绘"式的摄影展览。于是徐勇在798艺术区租下了一个1200平方米的大空间着手准备，这便是如今798内艺术空间的典型代表之一——时态空间。徐勇在黄锐的帮助下，延续其理念，尽可能地在保留厂房年代元素的基础上进行改造和布置。

徐勇回忆，刚来的时候，时态空间完全不是现在的样子，一切百废待兴。积灰的窗户阻挡了室内本应充足的光线，徐勇干脆把玻璃全部换掉；乌黑的墙面掩盖了历史留下的印记，徐勇用高压水枪将其冲刷干净……最终，1200平方米的旧厂房经过他的整理露出了旧时的标语；墙上的管道和暖气被改放在地上，大屋顶的框架仍保持原样；车间办公室成了艺术书店，机器车间成了现代风格的酒吧，几台报废的机器被保留下来成了装饰品。

2003年4月，时态空间开始举办摄影艺术展览，这是国内艺术机构在798里面举办的第一个艺术展览。时态空间作为厂区内最大的展览空间，其大规模无隔断的包豪斯建筑风格厂房，墙壁上的旧时标语，地面上立着的报废机床等被赋予了当代艺术展示交流及休闲餐饮的功能，呈现出一种特殊的气氛，吸引了络绎不绝的参观者。人们由此形成了对798艺术区基本的形象判断，这里也成为798艺术区典型空间的代表。（图2-10）

3. 卢杰与长征空间

2002年7月到10月间，一个名为"长征——一个行走中的视觉展示"的系列艺术活动沿着当年红军长征路线在二十个地点陆续展开，从江西瑞金到井冈山，途经广西，再到贵州茅台……路上，总策展人卢杰和执行策划邱志杰与沿途各个文化机构合作，在行走中进行当代艺术和视觉文化的展示、整理和讨论活动，当时很多圈里活跃的艺术家、批评家、策展人都以不同方式、不同程度参与其中。

卢杰在2016年雅昌新闻报道《长征空间升级史：从1.0到8.0的长

图 2-10　时态空间馆内情形（王京晶摄）

征路》一文中表示，"长征队伍"在第12站泸定桥之后进入了"冬令营"——自我反思和战略大调整时期。2002年9月，"长征队伍"走到第12站泸定桥，本想要再从泸定桥走到延安，但到最后，经过内部争辩，决定以"农村包围城市"的方式回到"北京大本营"，建立第13站。当时卢杰刚好听说了798的情况，觉得充满老历史与旧记忆的厂房与"长征计划"十分契合，于是"长征队伍"选择了798艺术区内一个废弃的火车站台建立了"长征计划"的第13站——二万五千里文化传播中心。虽然铁轨早已被水泥覆盖，但那长长的纵深感依稀还在。2003年4月，二万五千里文化传播中心（即长征空间）正式开馆。

　　长征空间入住798后，几乎每周都组织展览、研讨会，不停地向艺术家和公众传播自己的理念。长征空间站在中国当代艺术前沿，为年轻优秀的艺术家们举办试验性的展览，同时也为著名艺术家举办具有突破性的大型个展和群展，希望通过专业和学术性的展览及相关的策划活动，展示艺术创作的历史意识和社会性关注，从本土和国际两个层面推动艺术家创造力的长远发展。（图2-11）

　　卢杰2004年接受《新民周刊》采访时谈到，他之所以选择798，是因为这里一边是废弃的厂房，一边是仍在运转的工厂，这样的环境体现了当代艺术与现实的紧张关系，而这正是卢杰要表达的。艺术与现实的紧张关系不仅仅体现在798空间内的环境，也体现在798的租户与业主之

图 2-11　卢杰在王劲松的个展"自由水墨计划"现场，该展为二万五千里文化传播中心（长征空间）的开幕展（作者提供）

间，798早期居民记忆中租户与业主温情和谐的场面已难以重现，更大的冲突与矛盾正在这废旧的面貌与仍在运转的机床声中慢慢酝酿。

星火燃起

1. 宣言：再造798

随着以上三大艺术空间的活跃，798为当代艺术家们搭建起了初具规模的展示舞台与交流空间，作为艺术区的798也在不断地汇聚力量、壮大成长。此时，以黄锐为代表的参与798历史发展的艺术家们似乎感觉到一个通过艺术彻底改变798的机会到来了。

当时，798虽然在社会上有了一点名声，但这里的艺术家还是处在一个很小的圈子里，甚至是"地下"状态，远未壮大起来。徐勇回忆，当时"中国的当代艺术还处于'地下'或'半地下'状态，做什么活动有关方面还会随时取消"。黄锐和徐勇认为有必要通过旗帜鲜明的、有社会影响的大型艺术活动，提升798的知名度，把798的艺术家推向更广阔的艺术空间。

于是，一个名为"再造798"的计划在二人的推动下横空出世。二人计划"再造798"活动利用徐勇的新798艺术空间（即时态空间，徐勇为该计划特意改名）的1200平方米展厅，邀请10余位当代艺术家组成新798艺术空间的开幕特展。在特展的同时，厂区内的艺术家工作室和机构做相应的配合，在确定的时间内做艺术区开放展。

2003年，黄锐和徐勇发布了题为"再造798"的宣言，呼吁厂区内的所有艺术机构和艺术家们能积极响应他们的倡议，参与"再造798"的艺术活动，向公众开放艺术家的生活方式及工作内容，在艺术区内"营造一种健康、活泼、合作的文化小气氛"。黄锐和徐勇期待"再造798"能引发媒体和大众更多的关注，打造更为坚实的社会舆论基础，塑造良好

图 2-12 "再造798"活动海报，2003年（作者提供）

的社会形象，为798艺术区创造更广阔的发展机遇。（图2-12）

　　2003年4月13日，"再造798"活动开展的第一天，798内到处张贴起以"798艺术区"为标识的彩旗、海报和招贴画，厂区内所有的艺术家工作室、艺术机构、画廊、酒吧同时对外开放，吸引了艺术圈内圈外2000多名观众前来观看。"再造798"展览过程中，宋庄的艺术家也来"凑份子"。大家都觉得"在这个活动里不管主办方邀没邀请我，反正我来现场展示一些作品，未尝不可"。

"再造798"的活动持续了一周多，媒体对这次活动也极为关注，报纸、广播、电视的连续报道使得798声名远扬，达到了北京当代艺术活动空前的规模，798艺术区的提法也开始在社会上广泛流行。

2. 裂痕：谁的798？

"再造798"的活动获得了巨大的影响力，但艺术家们在向公众打出798艺术区品牌和未来规划的同时，也引起了七星集团的焦虑与困惑。七星集团认为这个工厂的未来是由业主方来决定的，艺术家不过是租房的房客，况且艺术家未同业主方充分协商，就自作主张勾画了这一地区的未来走向，这是越俎代庖的行为。七星集团质问艺术家："你们有什么权利再造798？我们还活着，你们再造什么？"尽管艺术家们再三解释"再造798"只是个艺术概念，是项艺术活动，并非真的想再造出一个798工厂，也不可能有能力再造一个军工厂，但厂方坚持认为这"798艺术区"的说法侵犯了厂方对798这个名称的专有权。

后来，艺术家们不得不做出让步，在活动海报上将"再造798"几个字用胶布盖住，并决定将当时已经宣传出去的"798艺术区"名称改为"大山子艺术区"。

几经周折，所谓"大山子艺术区"的第一次大型艺术活动在艺术家们的妥协让步下得以顺利开展，但在活动过程中由于观念差异等原因，艺术家和业主之间也发生了不少摩擦。

活动期间，艺术家从时态空间门口20多米高的楼房顶上悬下一幅巨型的喷绘摄影作品，作品中两男一女赤身裸体，一字排开，坦然地直面来往的观者。作品一出，大众哗然。这对于思想先锋前卫的艺术家们当然没有什么，但是在保守的厂方看来却无法接受。果然，经好事者逐级向上汇报后，艺术家们就受到了来自厂方的警告，勒令其把摄影作品摘下来。艺术家们当然不会乖乖地撤下作品，但又迫于厂方的压力，最后拿刀子把作品上的敏感部分挖去，照片上几个黑漆漆的窟窿成为艺术作品的一部分，一直保持到展览结束。

不管怎样，"再造798"活动最终顺利举办。这次集结汇聚了798艺术区内的分散力量，星星之火徐徐燃起，未来之路渐渐明晰。比起"大山子艺术区"这个拗口的名字，"798艺术区"显然更受媒体和公众的青睐。借助"再造798"活动汇聚的星火微光，798作为"艺术区"的名声开始打响，798艺术区的轮廓终于在偌大的北京城中逐渐清晰起来。尽管过程并不顺利，但就结果而言，黄锐和徐勇的目的达到了。只是，活动筹备过程中的摩擦在七星集团和艺术家们之间埋下了隐患，随时都有爆发更大冲突的可能。

燎原之势

1. 危机：798要拆了！

2003年"再造798"活动之后，艺术家们又趁热打铁，策划举办了多场艺术活动，进一步打响了798艺术区的名声。"非典"时期，798的艺术家们策划了以抗击"非典"为主题的"蓝天不设防"艺术行动，以艺术的方式感受和记录这场特殊灾难带来的生存与自由的困境。此外，798艺术区内还举办了"左手与右手——中德当代艺术联展""北京国际艺术双年展"等外围展，吸引了大批的中外观众。(图2-13)(图2-14)

在艺术家们的共同努力下，798艺术区正如预想的那样，带领着艺

图 2-13　"蓝天不设防"系列展之亦庄公园展现场，2003年（作者提供）

家群体，一步一步走向更为广阔的艺术空间。可好景不长，当艺术家们还沉浸在对798艺术区未来的无限畅想之中时，一则拆迁告示让一切成为泡影。

2003年6月，七星集团通知艺术家租户们：798已经被规划为"中关村电子城"，2005年底前将要完成拆迁。其实这消息也不算突然，早在2002年七星集团就向相关部门提交了所在地区的详细规划：拆除原有厂房，在其上兴建电子商业园区和高级写字楼。从一开始，七星集团就计划将土地转让给房地产开发商，因此最初与艺术家们签订的租房协议的租期都在2005年底终止。

图 2-14　"左手与右手——中德当代艺术联展"现场照片（作者提供）

当时，酒仙桥地区的许多电子工业大厂，如738厂、774厂、878厂、700厂、701厂等，都已经将大批废弃厂房拆掉搞起了房地产开发。七星集团公开了经过上级批准的电子城规划方案，表示要按照规划在大山子、酒仙桥一带大力发展电子工业和电子贸易，至2005年底，798将被改造成高规格的电子园区，引进国内外电子工业巨头。届时，798将成为中关村科技园区的一部分，还要按照中关村模式建起第二座海龙大厦，打造北京东部最大的电子产品集散地。798艺术区将不复存在。

拆迁通知的到来使得798艺术区面临前所未有的生存危机，也点燃了艺术家们与七星集团之间深埋已久的导火索，"798保卫战"一触即发！

2. 行动：798保卫战！

在798艺术区面临生死存亡之际，几乎所有艺术家和艺术机构都行动起来，在公众媒体上密集表态，为保卫这片艺术区各方奔走。刘索拉、黄锐等纷纷站出来接受媒体采访，阐述798艺术区的艺术价值、文化价值、精神价值，呼吁重视对798艺术区的保护。

许多学者也挺身而出，为798发声。北京大学教授张颐武撰文写道："美国最大的出口是好莱坞电影而非工业产品，当代创意文化是具有高附加值的产业，远比工业产品具有影响力和扩张力。798已经形成了创意文化的艺术区，如果拆掉重新发展工业产品，那将是历史的倒退。"

但艺术家们的奔走呼吁并未影响七星集团的决策，反而使自身的生存环境变得日益严峻。七星集团不断向租户们施加压力，不少租户被终止租赁合同，被勒令限期搬离798。即便有幸不被终止租赁合同，租户们也被七星集团物业升级的"管理"折磨得苦不堪言。对此，艺术家们只能通过舆论手段进行公开反击。

许多艺术家通过博客或媒体采访，表达了对798管理者哄抬房价、管理混乱等行为的不满。其中不少问题得到了政府部门的回应，让艺术家们看到了借助政府力量保全798艺术区的希望。

2004年2月，清华大学美术学院教授、雕塑家李象群，作为北京市人大代表，也作为798艺术区的一员，代表798艺术区内的200多位艺术家向北京市人大递交了《关于原718联合厂地区建筑及文化产业保护的议案》，从建筑、历史、文化、经济以及奥运会举办五个方面分析了798存在的价值，百位艺术家在议案上签名，号召"保护一个老工厂的建筑遗址，保护一个正在发展的新文化产业区"。

2004年4月，不甘坐以待毙的艺术家们计划举办一场声势浩大的国际艺术节，以呼应李象群的议案，彻底扭转798的生存危机。

艺术节原本预备冠以"798"字样，但七星集团仍在"谁的798"这一问题上纠缠不清。洪晃在《华尔街日报》中文网上发表的文章中回忆起当时的冲突情形，说物业看见798艺术节的海报就急了："798是你们叫的吗？这是机密，这是军用番号！不许用。"无奈，艺术节只能暂冠以"大山子"之名。(图2-15)

直到艺术节开幕前夕，七星集团依然不肯让步。七星集团警告艺术家："所谓大山子艺术节在未获得政府批准的《举办大型社会活动治安登记证》及其他相应批准之前，个别人如强行举办，七星集团物业管理中心将依照政府相关法令及物业管理中心的管理规定，坚决制止这次活动的举办。"

除搬出规章制度予以警告之外，七星集团还以管道维修为借口封堵园区，想尽一切办法阻止艺术节的举办。对此，黄锐还发布《关于七星集团突然措施的几点担忧》一文进行反击，强调艺术区活动在当时已具有的国际影响力，已广为国内外主流媒体、政府、非政府组织、艺术家、艺术爱好者与普通民众所关注，并质问七星集团是否能承担得起这

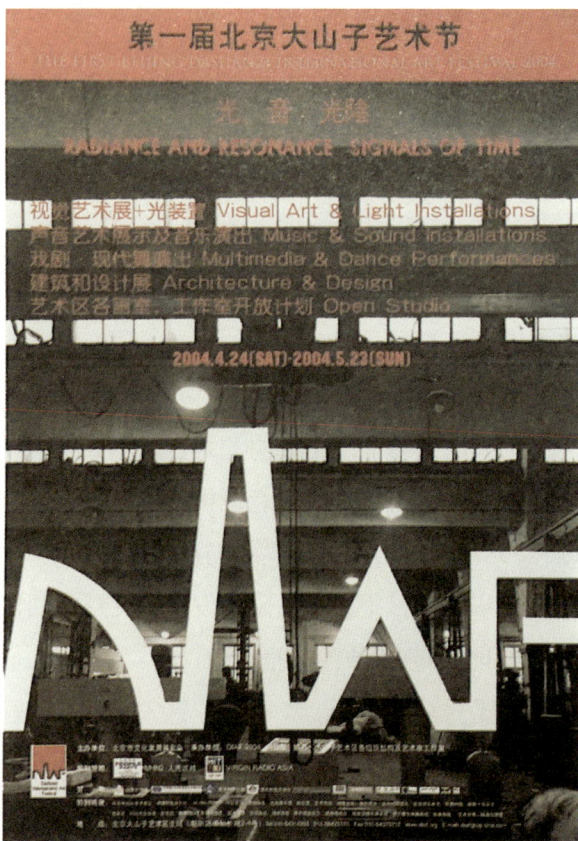

图 2-15　首届大山子艺术节海报（作者提供）

一系列突然措施带来的严重后果。

七星集团与艺术家们之间的矛盾不断激化。而黄锐打出的"国际影响"牌最终使得有关部门不得不出面介入调停，双方协商之下，艺术家一方在艺术节的名称上做出了让步，首届798国际艺术节最后得以用"2004年大山子艺术区艺术展示活动"的名字顺利举办。

2004年4月13日下午，艺术家一方在"大山子艺术区"NOW酒吧召开了一场新闻发布会，宣布这项旨在"全面展现艺术区活力"的大型艺术活动将于4月24日至5月23日在艺术区正式拉开帷幕。艺术节以"光、音/光阴"为主题，着重探索声音与视觉之间各种可能的关系，这也是一场过去、现在和未来之间的对话。整个艺术节包括30余场大大小小的艺术活动，范围涉及视觉艺术、声音艺术，如现场音乐、舞蹈、戏剧、行为表演、世界电影展映、建筑和设计展览等。

此外，生活、工作在"大山子艺术区"的艺术家们积极参与了这场活动，近40个艺术家工作室在这一期间全面开放，用互动性与现场感极强的艺术活动与观众进行更多的交流，向观众展示长期以来被圈子化的当代艺术。

另外，还有来自世界各地的4个独立电影节，8个包括摄影、绘画、表演及装置等在内的视觉艺术展，以及为期一个月的国内外音乐人的音乐会等在艺术区众多的室内空间和公共空间向公众开放，近200余名国内外知名当代艺术家在这里展现了他们最新的创作成果。（图2-16）

在众多活动中，有两场建筑与设计展览是特别为这届艺术节准备的："亚洲生活样式展"集合了以张永和为代表的5名中国建筑师和11名著名的日本建筑师，用新鲜的展览方式呈现亚洲的建筑与艺术美学；名为"幻想与现实"的展览，通过中国和美国的建筑设计师的作品，探讨如何使优秀的旧建筑在现代社会里重新被发现并创造新价值，由此让

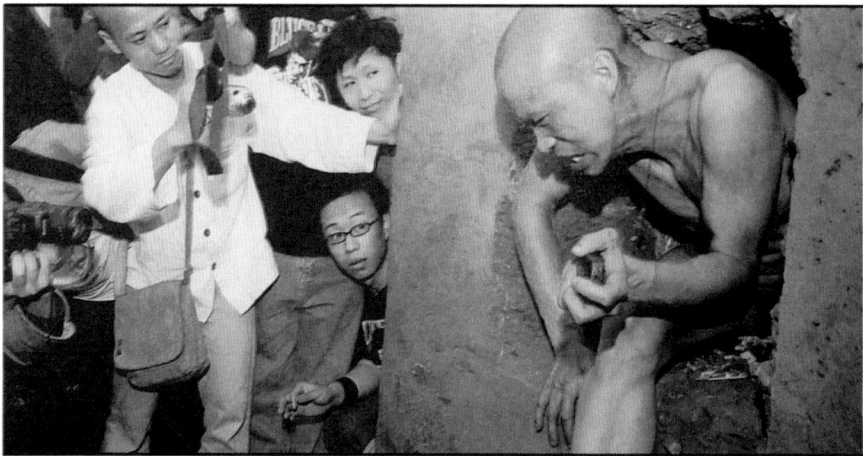

图 2-16　《铸》，艺术家何运昌在首届大山子艺术节期间实施的行为装置艺术，图为他冲出禁锢了他24小时的混凝土模型的一刻，2004年（作者提供）

人们注意到"大山子艺术区"未来的发展路线及它仍旧存在的被拆除的非合理性。

共计来自11个国家和地区的100多位艺术家参加了这届艺术节的活动，其中有40位艺术家来自国外，他们中的一些人曾经参加过"威尼斯双年展"等大型国际艺术活动，如日本著名艺术家藤本由纪夫、意大利的马可·奈洛·罗泰利（Marco Nereo Rotelli）等，另外还有一些享有很高国际知名度的艺术家首次在中国展示他们的作品，如法国电影人克里斯·马克（Chris Marker）。

持续一个月的艺术节吸引了8万人次的观众，约40%的观众来自国外，其中还有来自巴黎等国外各大城市当代艺术界的代表人物。120多家中外媒体报道了艺术节、艺术家及他们的作品。这是数十年以来，中国第一个完全由民间策划且完全在非官方展览机构举办的大规模国际艺术节。798做到了！向世人全面地展现出了它的魅力与活力！

3. 胜利：798保住了！

念念不忘必有回响，艺术家们的努力终于有了回报，艺术节的成功举办让政府、公众、世界看到了798艺术区的价值与潜力。（图2-17）

北京城市规划设计研究院院长在接受记者采访时说，北京应该对各个时期具有代表性的建筑加以保护，其中也包括近现代建筑。中华人民共和国建设部下发的《关于加强对城市优秀近现代建筑规划保护的指导意见》明文指出，优秀近现代建筑是指19世纪中期至20世纪50年代建设的、具有较高价值的建筑物，大山子一带的老厂房正属于这一范畴，包豪斯风格的现代工业建筑在世界范围已经所剩不多，因此非常珍贵。

市、区级人大、政协、规划等部门陆续到798了解情况，对李象群的提案进行调研，当时的市委书记、市长等领导先后到798考察，并于

图 2-17　798艺术区标牌（王京晶摄）

2004年7月提出了关于798未来发展的基本意见：艺术区暂时不要动。朝阳区政府也给出意见，认为798地区"应该与周边的电子城科技园共同繁荣"。

2005年，北京旅游局发布的《"798艺术区"调研报告》透露出政府有意利用艺术家的资源建设"文化旅游消费区"。2005年12月，北京市文化创意产业领导小组授予798"文化创意产业集聚区"的称号。2006
年，798艺术区被北京市正式定位为"文化艺术创意产业园区"，由政府
相关行业主管部门与七星集团联合成立的"798艺术区建设管理办公室"
共同进行798艺术区的规划和管理，798艺术区的合法地位得以正式确
立。798总算是保住了！（图2-18）（图2-19）（图2-20）

图 2-18　北京798艺术区管理委员会（王京晶摄）

图 2-19　如今艺术区内随处可见的"798"标志（灵极限提供）

图 2-20　2018年798艺术节宣传海报（作者提供）

艺术家：繁华背后的隐忧

辉煌：国际化大都市的名片

798艺术节带来的不仅是798生存之战的胜利，更带来了798的辉煌。

截止到2005年，至少有300位以上的艺术家直接居住在798或者以艺术区为自己的主要艺术创作空间，其中还有不少来自法国、美国、比利时、荷兰、澳大利亚、韩国、新加坡等国的艺术家。入住798艺术区的除了刘索拉（作家、音乐人）、洪晃（出版人）、李宗盛（音乐人）、李象群（雕塑家）等知名人士，还有许多年轻艺术家。

2005年，已经有近200家涉及文化艺术的机构进入此区域，此后几年，数字只增不减。2005年9月，批评家费大为代表尤伦斯艺术基金会与七星物业正式签订了租赁合同，租下了原798锅炉房5000平方米的空间，建立尤伦斯当代艺术中心（UCCA），并于2007年11月正式开业。该中心因空间规模巨大、功能规划完整而成为现如今798艺术区最著名的展览馆。（图2-21）

艺术的聚集，名人的扎堆儿，加上艺术节的品牌效应，798艺术区的名气越来越大。盛况空前的首届国际艺术节举办之后，观众们对798艺术区的热情没有丝毫冷却。

在第二届北京大山子国际艺术节举办的23天中（2005年4月30日至5月22日），共进行了表演、展示、研讨等艺术活动109项，共接待观众8万人以上，最多的一天观众达近万人。（图2-22）2005年9月22日至10月7日，798艺术区还举办了自己的

图 2-21　位于798艺术区核心地带的尤伦斯当代艺术中心（作者提供）

"双年展"，也取得丰硕成果，许多观众慕名而来，总观众达6万人次。一时间，798艺术区可谓名声大噪。

除了举办令人瞩目的艺术活动，798艺术区还颇受商业活动的青睐。索尼、摩托罗拉、三星等都曾在这里举办过最新款产品的发布推广活动，DIOR时装、欧米茄表和宝马汽车等的新闻、新品发布会也都选择在798艺术区举行……随着各式商业活动的开展，798艺术区被赋予了更多的标签与定位——"时尚""前卫""奢侈""高端"。

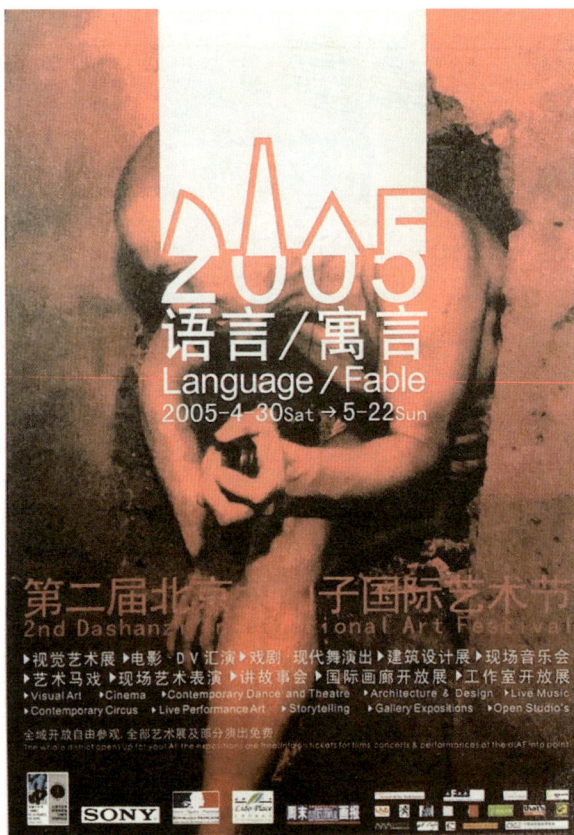

图 2-22 第二届北京大山子国际艺术节海报（作者提供）

798艺术区，更是成为北京走向国际化舞台的名片。2003年，北京首次入选了美国《新闻周刊》的"年度世界城市"评选，该刊认为798艺术区的存在与发展，证明了北京作为世界之都的能力和未来潜力。美国《时代》周刊将798艺术区评为"全球最有文化标志性的22个城市艺术中心"之一。2004年，北京被列入美国《财富》杂志一年一度的"世界有发展性的12个城市"评选，入选理由之一依然是798。用英国当代艺术中心前任总监菲利浦·陶德（Philip Dodd）的话说，798已经成为北京最大、最重要的品牌之一，从伦敦到纽约，再到巴黎，每一个关心艺术的人都在谈论798。国际媒体对798艺术区的肯定带动了国际政治家的到访。

2004年以来，瑞典首相、瑞士首相、德国总理、奥地利总理、欧盟主席、比利时王妃、安南夫人、法国总统夫人等都曾参观访问过798艺术

图 2-23　2008年10月，游客在798艺术区参观第二届798艺术节中展出的作品（樊甲山／FOTOE提供）

区。2004年，时任德国总理施罗德在繁忙的访华日程中特意安排到798艺术区参观并为"中德当代艺术展"揭幕，他惊叹于如今在德国都已少见的包豪斯建筑竟然在北京被完好地保存了下来！

2008年北京举办奥运会期间，798艺术区与长城、故宫并列，成为重点旅游接待单位。奥运会期间，这里举办了100多场主题展览和展示活动，邀请了世界各国艺术家到此参展，数十位国家元首和数不清的国外运动员来到这里参观。798艺术区，作为北京这座国际化都市的名片，正与中国同步，以前所未有的开放态度，迎接世界各国人士的参观。798艺术区看似迈入了高速发展的"黄金时代"。（图2-23）

隐忧：商业浪潮下的艺术区

798的艺术区身份由艺术家的聚集而造就，又在艺术家群体的努力下获得了合法化的地位，逃脱了被拆迁的命运。随后，798艺术区在日趋商业化的发展中不断地扩大自身的规模和影响，但这一商业性的持续扩展必然会造成对艺术家群体创作环境的决定性干扰。

早在2004年6月，汤伟峰就在他的文章《是什么使大山子成为"重要的艺术区"？》中预测了危机的来临。他觉得那些来参观艺术区的人不再注意艺术品，而是把重点放在对当代文化市场和时髦的"喝红酒、用刀叉吃饭"的现代生活的推介上。从保持着创造"实验艺术"可能性的通州宋庄回来，他越来越怀疑大山子还能否作为中国"实验艺术"的代表。他写道："除非一些把艺术品再次呈现出来的事情很快发生，这里有被重商主义毁掉的危险，少数拥有经济权力的人将对之产生关注并需要艺术家腾出地方。"他认为真正对大山子构成威胁的一直是它的商业吸引力，这在现在已经很明显，新的空间全都注重商业动机而不是潜在的"实验艺术品"的出现。"除非在大山子还有介绍艺术实践的方法被发现，否则最终它将变为北京第一个文化商业区。"

批评家付晓东在2004年一篇介绍大山子艺术节的文章里表达了自己对798未来的担忧：798有一天会像纽约的苏荷区一样，被商业的浪潮淹没吗？台湾艺术家和策展人高千惠在其《当代艺术思路之旅》一书中描述了商业浪潮后的苏荷艺术区现状：在苏荷区行走，即是穿梭在"维多利亚的秘密""亚曼尼""香蕉共和国"等名牌内衣与外服之间，也不难看出，苏荷艺术区今天已经完全变成了一个高档的商业消费区，一个金钱堆砌出来的文化观光区。798艺术区的未来会是"第二个苏荷"吗？

商业浪潮袭来，带来的是利益驱动下成倍上涨的租金和日益嘈杂的环境，无法忍受的艺术家只能迫于无奈而选择出走，去城市更边缘地带寻找下一个更适合创作的廉价空间。

2005年，首批798居民之一的隋建国工作室迁出798艺术区。隋建国的离开，被有些人认为是798走向商业化的标志。（图2-24）

2007年，"798保卫战"的主力之一黄锐带领工作室迁出。黄锐在《北京798》一书中也表达了担忧：画商、收藏家、观光客越来越多，

图 2-24　如同路牌一样，798也走到了抉择的路口（王京晶摄）

入住的艺术家却越来越少了。在拆迁压力、临时身份、非市场性背景下，入住艺术家的数字一路下降。

差不多同时，老住户之一洪晃也带领团队迁出了798艺术区。洪晃的回忆中显露出了对798艺术区未来的隐忧和无奈：798是保住了，艺术家本以为总算能喘一口气了，但新问题随之而来，财大气粗的时尚商业品牌发现了798，纷纷入住，收到市场信号的物业便开始了一轮又一轮的涨价，不少艺术家工作室和画廊经受不住，只好黯然撤出，市场经济和商业规律摆在那里，心有不甘，却也无可奈何。

而早期入住者之一徐勇，虽凭借时态空间内不间断的商业活动在798艺术区内继续坚守，却在2011年陷入了"拖欠"798物业百万元房租的租赁纠纷之中。最终，798物业于2012年底以"无法收回拖欠房租"为由收回场地，徐勇被迫放弃经营了十年的时态空间。（图2-25）

这一切都不禁让人担忧，商业化浪潮中迈向"黄金时代"的798，在大量艺术家出走的情形下，其作为"艺术区"的道路还能走多远？798艺术区的未来又该何去何从？（图2-26）

图 2-25　徐勇与798物业租赁纠纷事件中，798物业给时态空间贴上封条（作者提供）

图 2-26　798艺术区内正进行涂鸦创作的艺术家（王京晶摄）

艺梦工厂

北京 798 艺术区

3

更迭

——画廊时代来临

画廊之于798

2005年，"隋建国工作室的迁出"被视为798艺术区走向商业化的标志，而"商业化倾向"也成为外界对798艺术区批判声音的主流。虽说商业化倾向的确加剧了一些艺术家和艺术机构面临的困境，导致了大量艺术家的出走和部分艺术机构的经营困难，但是并不能因此就将艺术与商业完全对立起来。艺术和商业是可以结合的，而画廊，就是二者共存最好的载体。

画廊这一概念源于西方。16世纪，西方的贵族常常将搜集到的美术作品陈列于府邸的回廊，供自己和客人观看鉴赏。到了19世纪，画廊也逐步从私人领域扩展为供人观赏艺术品的公共场所，与美术馆性质相似。随着市场经济的不断发展和艺术商品化趋势的加强，出现了以专营艺术品为业的画商，而画廊便被用来指代画商陈列和销售艺术品的场所。

对于画廊来说，既然是艺术品陈列和销售的场所，与艺术品的来源——艺术家建立"亲密关系"便显得尤为重要。正所谓"近水楼台先得月"，作为艺术家聚集地而诞生的798艺术区自然引起了画廊经营者的注意。早在2002年，东京画廊便在黄锐的介绍下，以BTAP之名率先入住

798，从此开启了798"画廊时代"的进程。随后，来自新加坡的北京季节画廊于2003年9月落户798厂区内。2004年2月，德国的空白空间紧跟其后，在原797厂举办了开幕展。

2004年，首届大山子艺术节的成功举办让"798艺术区"名声大噪，它成功塑造了"艺术区"的品牌形象，吸引了更多画廊经营者的目光。而中国艺术品拍卖市场的火爆又进一步加速了画廊落户798的脚步。

20世纪90年代开始，中国当代艺术市场从"无"到"有"，经历了十几年的发展而不断扩张、迅速壮大。伴随着全球当代艺术市场大幅增值的浪潮，中国的当代艺术市场一路高歌猛进，拍卖市场屡创新高，作品价位进入"百万""千万"级别的画家不断涌现。岳敏君的作品在2005年便已突破百万大关，刘小东的《三峡移民》在2006年拍出2200万元高价，从此跻身"千万"行列。2006年，张晓刚更是不断在拍卖市场上刷新个人最高纪录。当时的曾梵志也已是"百万"画家中的一员，为其日后的"蹿红"埋下了伏笔……

在当代艺术市场迅速扩张的大背景下，大多数画廊经营者都将重点放在当代艺术品市场，尽管成倍上涨的租金和日益嘈杂的环境使得798艺术区对于艺术家的吸引力逐渐减弱，但作为"当代艺术前沿中心"的798艺术区仍不失为开办商业画廊的最佳选择。

而此时的798艺术区，已在各方力量的不懈努力下逃脱了被拆迁的命运，去留已不再成为问题。于是2005年前后，798迎来了画廊开业的高峰期。继空白空间之后，伦敦的中国当代画廊、意大利的常青画廊、韩国的阿特塞帝画廊（ARTSIDE）等国外画廊接连加入798。台湾画廊也迅速出击，在798内异常活跃，如帝门艺术中心、旻谷艺术中心、新时代画廊等在高峰期相继开业。本土画廊也不示弱，程昕东国际当代艺术空间、北京公社、当代唐人艺术中心等也在2005年前后选择落户798

艺术区。

2006年在北京举行的第三届国际画廊博览会上，798几乎成为最活跃的分会场，北京参展的画廊中也以来自798的居多。2007年11月，尤伦斯当代艺术中心开业，开始了大型艺术机构进入798的新时期。不久，丹麦的林冠画廊、纽约的佩斯画廊等国际知名画廊也先后强势加入，在798艺术区内开辟了各自的"北京新空间"。

艺术家群体的离开，并未导致艺术区走向衰落。如雨后春笋般相继落户的画廊接替艺术家群体，成为798艺术区的"新主人"，798艺术区也从最初的艺术家聚集地转向了以当代艺术为核心的画廊聚集区，迈向了商业色彩浓重的新阶段。

商业性：逐利市场的艺术经纪人

    画廊作为艺术品交易市场中的重要一环，其商业色彩毋庸置疑。艺术家需要通过画廊的推介找到艺术品市场，而收藏家也需要画廊的代理来购买艺术家的作品，画廊在艺术家和收藏家之间扮演着中间人的角色。

    陈丹青在《退步集》中是这样描述画廊的："画廊——亦即市场——乃是西方艺术的生态与温床，艺术家从中出土茁壮，而后，由批评家或策划人采集奇花异草，栽培标榜。"画廊要做的不仅仅是充当艺术品现买现卖的中介那么简单，而画廊主与其说是画商，更不如说是"艺术经纪人"。画廊这一"经纪人"需要通过一系列艺术活动的策划与宣传，搭建更好的展示平台，为艺术家提供"土壤"和"养分"，助力艺术家的成长与壮大，并在与批评家或策划人的紧密合作中，作为"艺术经纪人"和"艺术家推手"，将艺术家的作品推入更广阔的舞台和市场，以最大化地实现商业和艺术的双重价值。

先发制人的国外画廊

落户798的国外画廊大多是自带本国积累已久的艺术资源和藏家市场

介入中国当代艺术市场的，具有得天独厚的优势，因而很快便能在798内站稳脚跟。这些国外画廊在初入798时很少会选择发掘和培养中国本土的艺术家资源，即便尝试与中国本土的艺术家合作，也能凭借自身丰富的从业经历、完善的运营系统、雄厚的经济实力，不费吹灰之力便能获得成熟艺术家的青睐，争取到炙手可热的艺术家资源。

创建于20世纪60年代的纽约佩斯画廊之前便已凭借高质量的展览和系统化的运营模式居于世界顶级画廊之列，手中本就握有大把国际级的艺术家资源，2008年于北京798艺术区内开设分支机构佩斯北京后不久，更是轻松取得了李松松、宋冬、张洹、张晓刚、岳敏君等国内多位成熟艺术家的作品代理权。（图3-1）

世界知名艺术机构——林冠艺术基金会自成立起，便为众多国际顶

图3-1　佩斯北京画廊外观（王京晶摄）

级艺术家举办了个展，包括蔡国强、路易斯·布尔乔亚、西丽·娜沙特、加布里埃尔·奥罗斯科、傅丹、比尔·维奥拉……得天独厚的优势条件，使得国外的"超级画廊"无须从头开始进行本土艺术家的发掘和培养，也无须费力就能与本土的成熟艺术家签约和合作。

游刃有余的台系画廊

而起家于收藏的台系画廊，手中一般有大批近现代知名艺术家的作品，或是西方当代艺术名家的作品。如2007年于798内开设新空间的台湾新时代画廊，在进入前手中握有丰富的艺术资源，经营范围涵盖了林风眠、徐悲鸿、刘海粟、汪亚尘、吴作人、常书鸿、陈抱一、钱鼎等中国第一代油画家，以及赵无极、朱德群、魏乐唐、常玉、赵春翔等长期旅居国外的华人艺术家的重要作品。

而同年7月搬入798艺术区的亚洲艺术中心，早在20世纪八九十年代便已积攒了大陆近现代艺术大家的作品，并在台湾推广销售，还将傅抱石、李可染、吴冠中等艺术大师的作品介绍到台湾。台系画廊在丰富的藏品支撑和运营经验的基础上介入当代艺术市场，因而在进入798艺术区之初便显得游

图 3-2 亚洲艺术中心外观（王京晶摄）

刃有余。（图3-2）

帝门艺术中心（2007年5月起更名为陈绫蕙当代空间）也是高峰期落户北京798艺术区的台湾画廊之一。帝门艺术中心是由中国台湾的台凤企业于1989年创办，创立之初并未在台湾画廊业激起太大的水花，直到曾经位居台凤企业管理层的负责人——陈绫蕙加入，帝门才真正成为一个开始盈利的实体。陈绫蕙把"利润中心制"的概念带入了帝门的运作流程，使帝门可完全靠艺术品运营的收入来支撑自身的经营。

台湾帝门从西方美术作品入手，最早引进以巴黎画派为代表的西方艺术作品，又通过引进多个国际艺术大展在台湾建立了帝门的品牌和根基，如"夏加尔水彩及版画大展""莫奈及印象派画展""卢浮宫大展""汉斯·哈同回顾展""毕加索大展""新罗马画派展""文艺复兴先驱——乔托大展"等重量级的展览。

2001年，帝门先是在上海成立了办公室，2005年4月应第二届北京大山子国际艺术节之邀举办"理查·泰西尔作品首展"，推出法国当代名家理查·泰西尔的综合媒材及版画作品共计18幅，在大山子艺术节中引起热烈反响。7月，帝门通过名为"大搞新关系——艺术伦理学"的开幕展正式进入798艺术区，成为在刚刚开启的798园区南区内开业的第一家艺术机构。（图3-3）

帝门在加入的同时，也将其专业化的名家经纪代理运营制度带入了798

图3-3 帝门艺术中心开幕展"大搞新关系——艺术伦理学"宣传海报（作者提供）

艺术区。只不过，在台湾主要经营成名艺术家作品的帝门画廊，进入798后却出人意料地将目光转向了年轻一代，选择了发掘培养新生代艺术家的路线。

帝门负责人陈绫蕙谈及北京帝门的侧重点时承认，在这里的定位是和年轻一代有关系的。策展人冯博一在成功策划了北京东京艺术工程开幕展——"北京浮世绘"展览之后，一时成为当时798内最活跃的独立策展人之一，接连策划了"左手与右手——中德当代艺术联展"等多个重量级展览，而此次帝门的开幕展也是由冯博一亲自操刀。冯博一对帝门的商业性毫不讳言，但帝门的北京计划与冯博一的策展方案不谋而合。

帝门开幕展上，艺术家林书民、缪晓春、王宁德和艺术团体UNMASK结合现代科技创作媒介的作品，给观众带来了不一样的视觉体验。林书民的互动性影像装置作品《内功》在地面投影出一个水池，水池两边装置两个庭园和假山石，观众可以各坐在假山石一端，通过脑波侦测仪来控制水池里的莲花的开放和鲤鱼的游动。这种互动性的影像装置作品，在当时中国影像艺术创作中十分少见，让观者参与其中，用脑电波施展"内功"，带给人不一样的艺术体验与心理感受。（图 3-4）

由三位刚从央美雕塑系毕业不久的年轻人组成的艺术团体UNMASK，成了随后几年帝门重点打造的艺术家资源之一。他们在开幕式上将自己设计与研发出来的玩偶放置在透明的空间中，或用半圆形玻璃顶罩住，或用方形的亚克力盒子盛放，模拟出社会群聚的情形，用趣味性的作品语言表达对现代生活的深刻思考。陈绫蕙认为，UNMASK"在这个时代有代表性，他们应该有位置"。

对于有潜质的艺术家，作为"艺术家推手"的画廊自然要尽一切努力为其提供培育艺术的温床，供其茁壮成长。陈绫蕙坦言，她总是在想能帮艺术家做什么，做多少，什么是他们需要的，画廊和艺术家之间只有慢慢建立起信任感，才能维持良好长久的合作关系。的确，陈绫蕙没有辜负艺术家给予她的这份信任。之后，帝门接连为UNMASK、王顷等年轻艺术家策划了个展，以多媒体互动、摄影、雕塑、平面等不同创作媒材，

图 3-4　帝门开幕展现场照片，观众正在体验艺术家林书民的作品《内功》（作者提供）

帮助其多元化地呈现当代艺术之面貌，从而深度挖掘他们的艺术潜质，将其推向更广阔的艺术领域和市场，实现艺术和商业的双重价值。

脱颖而出的本土画廊

面对来势汹汹的国外画廊与势头强劲的台系画廊，先天资源略显不足的本土画廊如何在他们的双重夹击下脱颖而出呢？作为"艺术家推手"，当代唐人艺术中心便是798艺术区内本土系画廊中的佼佼者。

严格来说，当代唐人艺术中心其实并不算是真正意义上的"本土"画廊。早在入住北京798之前，当代唐人艺术中心的创办人郑林已于曼谷开设了唐人画廊，积攒了十年的画廊经营经验。

"当代唐人"在曼谷的画廊从2000年开始转型做当代艺术展览，而且一直做试验性的当代艺术展。通过一系列成功的展览和操作，"当代唐人"向东南亚地区整体推出了中国当代有代表性的艺术家的作品，并通过当地主流媒体来介绍和推广中国当代艺术。这些艺术家包括张晓

图 3-5　当代唐人艺术中心外观（王京晶摄）

刚、方力钧、岳敏君、刘小东、周春芽、何多苓、郭伟、郭晋、翁奋（翁培竣）、颜磊等。

　　2006年，在曼谷积累了丰富的艺术活动策划和组织经验的郑林选择回到北京开辟当代唐人艺术中心的新空间。（图3-5）郑林选择798艺术区作为介入中国当代艺术的根据地。当代唐人艺术中心的"北京空间"坐落于798艺术区的中心，由一座占地面积达600平方米的厂房改建而成，内部空间极为开阔宽敞，层高达12米的展览区域为举办各类艺术活动提供了良好的环境。

　　与"曼谷空间"相比，798的当代唐人艺术中心强化了画廊模式，积极参与艺术博览会，赞助双年展项目、美术馆项目，策划重要展览和最前沿的"实验艺术"项目……通过这些方式，它不遗余力地为艺术家搭建展示的平台，提供成长的温床。2006年，刚刚加入798便策划了"艺术北京2006画廊博览会主题展"，2007年接着筹备了上海艺术博览会国际当代艺术展的多个主题展览，还有2008年的中艺博国际画廊博览会……几乎每年，当代唐人艺术中心都是国内外几个重要艺博会的主要参与者。

2009年广州"当代艺术20年大展"所有的装置影像作品（甚至包括所有批评家、策展人的往返机票、住宿），2012年"上海双年展"黄永砯的大型装置作品《千手观音》，2014年英国曼彻斯特"亚洲当代艺术三年展"中国当代艺术家的近30个项目，2016年"上海双年展"孙原和彭禹的大型装置作品《那么远》，2016年黄永砯在上海当代艺术博物馆的大型个展"蛇杖Ⅲ：左开道岔"等，都是在当代唐人艺术中心的赞助下完成的。

（图3-6）（图3-7）

而谈及艺术家的选择，当代唐人艺术中心的定位很清晰，那就是"与最好、最重要的艺术家建

图 3-6 《千手观音》，装置作品，黄永砯，第九届"上海双年展"主题展镇馆作品，北京红砖当代美术馆藏（作者提供）

立合作关系"。那什么是好？什么是重要？郑林在2018年新浪收藏频道的专访中说，"那就是学术地位和影响力，以及未来发展的空间和可能性"。郑林认为，要想与黄永砅这样成功的艺术家建立合作关系，就要看平台自身的能量了。也就是说，平台能不能承载这位艺术家，有没有跟他互动的可能性。

显然，郑林有自信，当代唐人艺术中心这一平台完全有实力去承载像黄永砅这样成功的艺术家。而当代唐人连续多年为黄永砅的大型装置作品提供赞助，也充分展现了自身的诚意与实力。（图3-8）

不仅是艺博会上的展出作品，当代唐人艺术中心还会不惜重金为所合作的艺术家斥资打造个人作品和"实验艺术"项目。比如当代唐人推出的年轻艺术家王郁洋（图3-9），在当代唐人艺术中心的全力赞助下完成

图 3-7 2016年，黄永砅在当代唐人艺术中心赞助下完成的大型个展"蛇杖Ⅲ：左开道岔"现场（上海当代艺术博物馆）（作者提供）

图 3-8　2017年，当代唐人艺术中心将黄永砯和沈远的展览"香港脚"作为其香港新空间的开幕展（作者提供）

图 3-9　《光，像羽毛一样从空中飘落》，装置作品，王郁洋作，2013年（作者提供）

了装置作品《光，像羽毛一样从空中飘落》，第一次参加"上海双年展"就进入了主题展单元并在展览现场引发轰动。

　　而为了实现艺术家赵赵的个人"实验艺术"项目"塔克拉玛干计划"，当代唐人艺术中心花了几百万的材料费，一年为赵赵做了三本画册。郑林自信地说："一般的画廊不会这么干，'唐人'就能这么干！"该项目一出，便引起极大轰动，赵赵也因此成为炙手可热的年轻艺术家，为国内外艺术机构、美术馆和私人藏家所关注。

　　借助艺博会、双年展、美术馆项目的影响力，辅以极具针对性的个展

图 3-10　当代唐人艺术中心北京空间于2016年9月3日为合作艺术家赵赵推出的个人项目"塔克拉玛干"现场（作者提供）

和艺术项目，当代唐人艺术中心在保持与张晓刚、方力钧、王广义、岳敏君、刘小东等知名艺术家合作的同时，也发展并推动中国当代新锐艺术家的艺术创作，并由此成功跻身国内"顶级艺术推手"之列。（图3-10）

　　如今，当代唐人艺术中心已在香港设立了新空间，2017年又在北京798开辟了第二空间，形成了更全面、更完善的推介和展示平台，继续其"艺术推手"的使命，将中国当代艺术家推向亚洲，甚至是全球的艺术领域和市场。

开放性：艺术交流的国际化平台

商业与艺术结合的性质使得画廊注定与拍卖行这类"纯商业"的艺术品交易中介机构不同。画廊不仅仅是艺术家的推手，将艺术家及其作品推介给交易市场，更承载着推动中国艺术发展甚至是世界艺术交流的重要文化使命。798艺术区内大比例的国外画廊构成，接连到访的各国首脑，争相报道的国际媒体，穿梭其间的外国游客，这一切使得艺术区本身就充斥着浓厚的"国际范儿"。

而作为798艺术区主体的画廊就更需要以国际化的视野，透过北京798，在中国与世界之间搭建起一个进行国际化艺术交流的平台。这与画廊的商业性质并不冲突，北京798艺术区的诸多画廊，或是将世界级当代艺术带到中国，或是将中国当代艺术推向世界，它们以开放的国际化视野进行艺术品的展示和推介，扩大艺术家的影响，拓宽艺术品的市场，并因此获得更大的商业回报。

东西方对话

"常青画廊的进入为我们打开了一个了解国际当代艺术的窗口。"

图 3-11　常青画廊三位创始人合影（作者提供）

这是国内最早购买大型装置艺术的收藏家，也是画廊早期客户之一张锐给予常青画廊的评价。

常青画廊是最早落户798的西方大型画廊之一，由三位创始人——洛伦佐·飞亚斯奇、马里奥·克里斯蒂阿尼、莫瑞西欧·瑞哥罗在1990年于意大利的圣·吉米纳诺（San Gimignano）创立。（图3-11）

2004年，常青画廊受邀参加首届中艺博国际画廊博览会（CIGE）。初次来到中国的三位创始人惊叹于当时中国的发展速度，决定将"常青"在国外的第一间画廊开在中国。于是2005年5月，常青画廊三位创始人本着"向人们展示国际当代艺术"的初衷，在北京798内设立了画廊空间，希望能够通过艺术品展示与交易这个新的沟通渠道，促进东西方的对话，将不同的文化融合在一起，擦出新的火花。（图3-12）

常青画廊北京负责人白飞德在叶滢《窑变798》一书收录的访谈中谈到常青画廊的目标，是提供给中国观众一个了解世界当代艺术的机会，

图 3-12　常青画廊外观（王京晶摄）

或者至少提供一个线索。他认为中国的当代艺术家需要知道中国以外的
艺术家在做些什么，而中国的观众也是如此，他们需要知道中国以外的
观众都在看什么。常青画廊的确也做到了。从2005年的开幕展以来，常
青画廊便不断地为大众展示它所经营的世界级当代艺术家作品，用一次
次精心策划布置的展览践行他们"展示国际当代艺术"的初衷。

　　而常青画廊侧重于"展示国际当代艺术"的定位并不意味着对中国
艺术家毫不关心，毕竟中国在国际艺术舞台上越发彰显出其重要性。2005

图3-13　艺术家陈箴（作者提供）

年，常青画廊将开幕首展献给了一位法籍华人艺术家——陈箴。（图3-13）

曾经就读于上海工艺美术学校和上海戏剧学院的陈箴，在"'85新潮"中就十分活跃。1989年在法国巴黎国立高等美术学院进修结束后，陈箴便在法国和世界各地参加了上百个个展和群展，积极参与当代艺术的观念和思想探索，成为20世纪90年代后期国际当代艺术舞台上最重要的年轻艺术家之一。

常青画廊选择陈箴这样一个兼具中西方学术背景、在国际当代艺术世界占有重要地位的当代艺术家，为他举办"融超经验"个展，以呈现其最重要的十年艺术生涯，不仅为我们打开了一个了解世界当代艺术的窗口，更是以此为契机，促进东西方的对话。此后，常青画廊在主力推介西方当代艺术家作品的同时，也经常举办中国艺术家的个展或群展，以期在东西方艺术的交流与碰撞中产生新的化学反应，带来不一样的艺术体验。（图3-14）

另一家来自纽约的佩斯画廊在北京的开幕展览"遭遇"，也同样是一次在

图3-14　2005年常青画廊陈箴"融超经验"个展现场（作者提供）

北京798发生的东西方对话。此展将东方和西方的肖像作品穿插在一起，让美国波普艺术领袖安迪·沃霍尔（Andy Warhol）和中国波普先行者王广义的肖像作品相遇，让张晓刚的记忆肖像和杰夫·孔斯（Jeff Koons）无历史连接的肖像在此对峙，让方力钧的作品和巴泽利茨（Georg Baselitz）的社会激情肖像之间产生共通性，让日本的村上隆和美国的乔治·康多（George Condo）的作品呈现出东西方在制造和设计肖像上

图 3-15　佩斯北京首展"遭遇"展出艺术家详情（作者提供）

图 3-16　佩斯北京首展"遭遇"现场（作者提供）

的不同趣味……2008年的"遭遇"展是东西方文化力量在北京798的一次汇聚，而这仅仅是一个缩影。（图 3-15）（图 3-16）

　　这一年，不止798，北京乃至整个中国都在以开放的姿态上演一场又一场东西方的对话。对话是一个新的开始，北京作为中国文化的前沿，未来必将成为世界文化重新积聚能量的一个新的发生地，而北京798也将在积聚能量的过程中继续扮演重要的角色。

"流动画廊"

这个空间只是一个点，艺术是流动的，所以他的艺术空间也是流动的。

（出自《东方艺术》2012年第21期程昕东专访）

如果说常青画廊、佩斯北京是将世界当代艺术呈现给中国，那么程昕东所做的就是将中国当代艺术展现给世界。

1985年毕业于浙江工业大学分析化学专业的程昕东可能不会想到，自己竟会在日后以国际策展人的身份与艺术结下不解之缘。1989年，程昕东前往巴黎深造，在法国艺术圈获得了对西方艺术系统的认知，并取得了法国巴黎索邦大学艺术史硕士学位。1992年，一次偶然的机会让程昕东有幸结识了法国顶级画廊——法兰西画廊的老板克丽蒂娜·蒂尔克（Catherine Thiek）。当时对画廊业一知半解的程昕东就在这样的机缘巧合下进入法兰西画廊工作。半年后，他便被委派帮助策划法国文化部在北京的中国美术馆及台北的市立美术馆举办的"50年绘画展——法国绘画大师苏拉热（Pierre Soulages）"。首次策展的成功正式开启了程昕东此后的"艺术人生"。在法兰西画廊工作的1992年至1998年间，程昕东几乎游遍世界各地，接触到众多当代艺术大师，参与了一系列重要展览的策划与筹备，这些经历构成了程昕东从事画廊与艺术机构运营的基础。

2000年，凭借在法兰西画廊的策展经验，程昕东回到北京建立了自己的机构——程昕东国际当代艺术空间，2004年11月机构迁到了798艺术区。（图3-17）

早在法兰西画廊工作期间，程昕东就参与了"星星团体"的代表艺术家马德升的展览工作，并完成了"四点交汇：张晓刚、方力钧、顾德新、张培力展"（1996年）和"同志——张晓刚个展"（1999年），这意味着程昕东对中国当代艺术有着准确的判断。之后，他利用北京798的艺术空间，为张小涛、岳敏君、俸正杰、钟飙、马六明、李永斌、祁志龙、毛旭辉等数十位中国当代艺术家策划了不同主题的中国当代艺术展。

然而，北京798的空间对于程昕东来说"只是一个点"，他的工作范围仍然是全球领域。程昕东在2012年《东方艺术》对

图3-17　程昕东国际当代艺术空间（王京晶摄）

其进行的专访中表示：艺术是人类交流的最有效工具，他想在全球化进程中扮演一个试验者，通过不断实践看多元文化的碰撞、融合可以产生怎样的结果。他试图在探索中不断升华，不断地撞击出新的想法，去修正，去丰富，去完成一种乌托邦的理想。程昕东提出一个"流动画廊"的概念，他希望在全球领域内策划一个接一个的中国当代艺术的展览，通过"流动的艺术空间"对全世界不同国家的观众产生影响，把中国优秀的国际当代艺术带到全中国，全世界。

2007年，恰逢"中俄文化交流年"，程昕东受俄罗斯国家美术馆的邀请策划大型展览"中国当代社会艺术展"。他邀请了43位最具代表性

的中国当代知名艺术家参展。（图3-18）

2008年，程昕东又将40位中国当代艺术家的作品带到了希腊雅典国家当代艺术中心。

2009年，程昕东携30多位中国当代艺术家，以及中外媒体、评论家、收藏家，在古巴首都哈瓦那的古巴国家美术馆展出名为"北京—哈瓦那：新中国当代艺术革命"的展览。该展览也是自1960年中国与古巴建立外交关系以来，中国当代艺术家在古巴国家美术馆举办的首场大型展览。

2014年开始，程昕东和798艺术区一起策划了"北京798印象"全球巡回展，2014年在法国波尔多、2015年在荷兰海牙、2016年在意大利罗马，798艺术区内10余家著名画廊和机构参与其中，将最优质、最具中国当代艺术特色的艺术家及其作品推向国际舞台。

图 3-18　2007年程昕东在俄罗斯国家美术馆"中国当代社会艺术展"布展现场（作者提供）

矛盾性：营利机构的"非营利"追求

为了生存，许多早期"非营利"的艺术空间也不能免俗地走上了商业运营之路。卢杰曾明确表示，现阶段的二万五千里文化传播中心（长征空间）就是一个商业实体，但如果未来有一天可以做非营利，他会继续把非营利的事情做好。显然，"商业实体"也并非只有纯粹的功利性。常青画廊的白飞德也说，他们做的很多展览都不是为了营利目的，比如陈箴的个展，还有意大利年轻艺术家的展览，这些都是非营利的，作品是不卖的。

画廊是兼具商业性与艺术性的矛盾共同体。一方面，作为"以营利为目的"的商业画廊，在艺术市场中谋求利润无可厚非；但另一方面，身处798这样一个当代艺术的前沿阵地，这些机构又有着"非营利"的追求。

北京公社的学术定位

这样好的时间，应该往前走，而不是停下来一味地捞钱，钱过两年就没了。

（出自叶滢《窑变798》一书中的冷林访谈）

图 3-19 北京公社外观（王京晶摄）

北京公社创立于2004年，2006年创办人冷林将其搬至北京798艺术区内由电梯车间改造成的画廊空间。冷林不希望北京公社仅仅是一个商业画廊，他给这个地方的定位是"介于博物馆和画廊之间的空间"。北京公社是和纽约画商合作开设的，做过画廊和拍卖行的冷林并不避讳商业性，但兼具策展人、评论家、艺术家多重身份的他显然有更大的野心。（图 3-19）

在命名阶段，冷林以"公社"名称替代画廊，以显示北京公社的"学术"含量。他在创立之初给艺术团体"政纯办"（"政治纯形式办公室"小组）举办的展览中，试图以观念性极强的作品《只有一面墙》与当代艺术越发火热的商业走向背道而驰，而这几乎也确定了北京公社今后的"学术"基调。冷林反复强调北京公社的"学术性"，希望它能带来新的艺术角度和学术空间，由商业画廊的单一身份向博物馆靠拢。

北京公社基于自身的学术定位，在阐释和推动中国当代艺术的过程中发挥了重要作用，张晓刚、岳敏君、宋冬、尹秀珍、洪浩、刘建华等中国当代艺术的代表艺术家都曾在这里举办过他们艺术生涯中极为重

要的个人展览。观察其在进入
798空间后所做的一系列成名艺
术家的个展，不难发现冷林的
"学术"追求。

2006年3月，苏富比拍卖行
首次在纽约举行的亚洲当代艺
术春季拍卖会上，中国当代艺
术品成为现场的绝对主角。其
中张晓刚于1998年创作的大幅

图 3-20　2006年苏富比纽约春拍现场，张晓刚
作品《血缘系列：同志第120号》备受追捧（作
者提供）

油画《血缘系列：同志第120号》以97.92万美元的价格拍出，成为当场
最高价，创下苏富比春拍中国当代艺术拍卖的世界纪录，也刷新了张
晓刚个人作品的成交价格纪录。然而，97.92万美元的纪录只维持了短
短几个月。10月9日，《大家庭系列：第15号》以874.4万港币在香港苏
富比秋季拍卖会成交，又一次刷新了张晓刚的个人纪录；11月26日的香
港佳士得秋拍中，张晓刚更是凭借《天安门》以1804万港币的成交价迅
速跻身"千万"级别画家的行列。（图 3-20）

巧合的是，2006年4月，距离张晓刚作品拍出97.92万美元高价仅一
月，北京公社便推出了张晓刚的新作展"家（HOME）"，这似乎是一
次时机绝佳的"商业逐利行为"。然而，北京公社展出的作品并非张晓
刚最广为人知的"大家庭"系列人像，甚至没有出现任何人像作品，让
人大跌眼镜。同年6月，同样在苏富比春拍上表现不俗的艺术家岳敏君也
在北京公社推出了自己的新作展览，但卡通风格的作品让观者不禁怀疑
是否来错了地方。

推出拍卖市场上炙手可热的艺术家个展，显然有画廊自身迎合市
场的商业考量，但北京公社在个展作品选择上又刻意与拍卖行保持距

图 3-21 北京公社2006年6月举办的岳敏君个展上展出作品之一
（作者提供）

离，以坚守自身的学术定位。（图 3-21）

尤伦斯的公益性质

"什么是当代艺术？"

"什么是非营利？"

"你希望看到怎样的美术馆？"

…………

这是2006年10月尤伦斯艺术信息发布中心开幕时循环播放的短片中呈现的问题。

一年之后的11月，798最大的艺术空间——尤伦斯当代艺术中心（UCCA）举办了声势浩大的"'85新潮：中国第一次当代艺术运动"开幕展，宣布正式进入北京798艺术区。这座由比利时的尤伦斯夫妇创立的尤伦斯基金会出资建造，在中国政府的支持下成立的大型公益性当代艺术机构似乎为短片中的问题提供了答案。（图 3-22）（图 3-23）

虽然尤伦斯当代艺术中心将自己定位为"非营利"公益性的美术馆，但由于中国现行的法律体系下申请民营非营利艺术机构的门槛很高，UCCA最初是以"公司"之名落户798艺术区的。时任UCCA馆长的费大为坦言，他们需要"装扮成营利性的机构去做不营利的事"，而费大为面临的最大问题则在于如何在中国复杂的社会和艺术环境中运营一个"非营利"的艺术机构。

在最初成立的时候，UCCA的运营费用主要依靠尤伦斯基金会的赞助。从2007年开业至今，UCCA为798带来了大大小小近百场艺术展览，吸引了超过百万人次的观众。从开业之初的"'85新潮：中国第一次当代艺术运动"（2007年）、"中坚：新世纪中国艺术的八个关键形象"（2009年）和"ON|OFF：中国年轻艺术家的观念与实践"（2013年）等梳理中国当代艺术史脉络和发展阶段的大型群展，到刘小东"金城小子"（2010年）、汪建伟"黄灯"（2011年）、顾德新

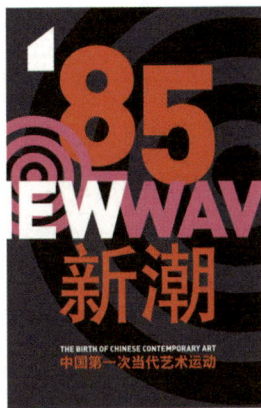

图 3-22　UCCA开幕展"'85新潮：中国第一次当代艺术运动"宣传海报（作者提供）

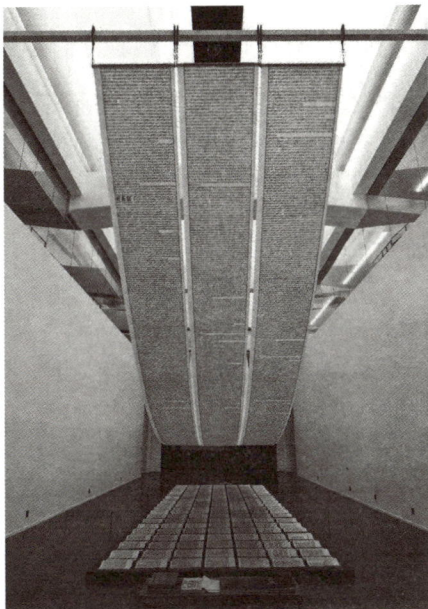

图 3-23　UCCA开幕展"'85新潮：中国第一次当代艺术运动"现场（作者提供）

"重要的不是肉"（2012年）、王兴伟"王兴伟"（2013年）和徐震"没顶公司出品"（2014年）等专题研究式的个展，再到"书中自有黄金屋——《帕科特》与当代艺术家们"（2012年）、国际巡回大展"印度公路"（2012年）和"杜尚与/或/在中国"（2013年）等涵盖国内外艺术思潮和文化现象的综合性展览……UCCA持续性地为每年到访的参观者带来高水平、高质量的展览，呈现最具前瞻性的艺术和文化。

然而，由于国内尚不具备成熟的基金会制度，因此一般的民营非营利美术馆连举办一场大型展览需要的费用都难以负担，更何况是UCCA这种每年举办数场大展的高成本。这样的"非营利"，即便是对于尤伦斯这样实力雄厚的基金会来说，也难以长期维系。对于这种巨大的资金消耗，尤伦斯不得不选择"在技术上像运作商业空间般"地运作这个中心，即使这在一定程度上背离了他们的初衷。

UCCA由对基金会拨款"完全依赖"向"部分依赖"的自主经营模式转变，在基金会的赞助下，逐渐依靠艺术商店、场地租赁、企业或个人赞助、特别项目等方面的收入实现艺术机构的自负盈亏。

2012年开办的尤伦斯艺术商店对UCCA自负盈亏的实现功不可没。尤伦斯艺术商店开创了独特的中国限量版艺术品运营专业化经营模式，汇聚了国内外80多位当代艺术家和100多位新锐设计师，直接和他们合作开发艺术类商品，成为第一家做中国设计师产品的商店。艺术商店为UCCA带来的收入占据其自主收入的一半，极大地支持了场馆展览和其他公共活动的举办。（图3-24）（图3-25）

2016年6月，尤伦斯当代艺术中心正式对外宣布将要寻找新的赞助方，不再接受尤伦斯夫妇领导。易主风波后的UCCA于2017年重组为UCCA集团，旗下分为UCCA基金会和UCCA企业两个部分，用UCCA企业进行的商业实践支撑UCCA基金会这一非营利组织的长久持续运

图3-24　尤伦斯艺术商店的开办极大地解决了画廊的资金问题（作者提供）

图 3-25　尤伦斯艺术商店内景（作者提供）

营，以新的形式继续维持尤伦斯当代艺术中心的公益性质，践行其"非营利"的初衷。

对于798，对于北京，对于中国，2008年都是一个重要的时间节点。借着北京奥运会的东风名噪一时的798艺术区，给一众画廊带来了无限商机。可谁又能想到，奥运会带来的热度还没来得及升温，风暴却接踵而至，画廊的"春天"转瞬即逝。

据2008年《南方日报》报道，11月，北京798艺术区爆发了有史以来最大的"危机"。房租、管理费的居高不下，加之世界金融风暴的影响，一时间，798艺术区内画廊转租的广告铺天盖地。

如今798艺术区内的画廊面貌与往日已是大相径庭。金融危机过后，798内的韩系画廊几乎全线退出，所剩寥寥；2009年，空白空间迁往草场地艺术区，中国当代画廊闭馆，陈绫蕙的当代空间（帝门艺术中心）几乎关闭……

但令人欣慰的是，常青画廊、北京公社、当代唐人艺术中心、亚

图 3-26　798街景（作者提供）

洲艺术中心、百年印象画廊等老牌成员在798内历经十年沉浮，依旧屹立不倒。2016年，798内的画廊业虽因尤伦斯当代艺术中心易主的消息而引发了短暂的不安，但依旧在798核心地带昂首挺立的UCCA给众人吃下了一颗定心丸。而当代唐人艺术中心在2017年选择在798内开辟第二空间，发展势头正猛。

所谓"长江后浪推前浪，浮事新人换旧人"，有旧人退出，同时也会有新人进入。近几年就有站台中国、陌上画廊、木木美术馆等多家画廊和艺术机构落户798。（图 3-26）

在优胜劣汰的市场经济条件下，798艺术区内出现的画廊更替变迁现象实属正常，都是市场自然选择的结果。但画廊仍然占据着798艺术区的主体位置，这一点在短时间内不会轻易改变。无论798的未来如何，画廊群体与798艺术区的命运都紧紧地绑在一起，患难相随，休戚与共。

艺梦工厂

北京 798 艺术区

4

未来

—— 展望798艺术区

困境：多歧路，今安在

从2000年前后搬进第一批居民至今，798艺术区经过了20多年的发展，完成了从工业区向艺术区，从艺术家聚集地向画廊区的转型。曾经濒临拆迁、几乎废弃的老工厂就这样摇身一变，成了全国最大的艺术区。人们的想象力似乎跟不上798艺术区自由生长的步伐，如今这里不再荒芜，而是世界目光的焦点。高速发展的过程中，有好有坏，有惊喜也有惊吓，有意料之中也有猝不及防和不忍直视。在高速上升的同时，798也陷入了发展的困境：房租井喷般飞涨、艺术创作疲软、艺术区定位不明确等。赤裸裸的现实如同一个个绊脚石躺在这个中国最大的艺术区的发展道路上。

高价房租逼退艺术家

798在浩浩荡荡的"保卫战"宣告成功之后，本以为终于可以松一口气了，艺术区保住了，艺术家们有了容身之地，再不用流离失所。然而商业浪潮的席卷使798再次面临考验。在利益的驱使下，艺术区的租金成倍上涨，数位曾保护、建设798的元老艺术家出走，大量画廊退出。2005年，"首批居民"隋建国的工作室迁出。2007年，"798保卫战"的主力之一黄锐带领工作室迁出。面对高昂的房租，无功利的艺术创作显得捉襟见肘。2011年，徐勇的时态空间更是与798物业陷入了"拖欠"百万元房租的租赁纠纷之中，将这场物业与艺术家的房租之战推向高潮。

徐勇于2002年开始租用原798厂的大厂房开办北京时态空间文化艺术有限公司，在798是最早与艺术区共同成长的元老之一。历经十年，2012年11月1日，798物业决定收回徐勇租赁的时态空间场地。双方矛盾的焦点在于对租赁合同说法的不统一。

按七星集团物业的说法，双方最后一份租赁合同起止时间为2009年1月1日至2011年12月31日，年租金64万余元，租期三年。2008年金融危机后，798物业给予了时态空间房租减免优惠政策，优惠时段为从2009年1月1日到12月31日一整年的时间。但据徐勇说，"拖欠"房租另有隐情：由于当时经济低迷，物业对时态空间在协议价格基础上每年再优惠四个月至半年不等的房租；但是2010年底，物业突然变卦，要收取全年房租。徐勇没有答应，他声称物业当时给他们签订的优惠协议都是保密的，并且是物业单方面持有。这表示徐勇方认为优惠时间段是从2009年1月1日至2011年12月31日整三年时间。

2012年11月3日，中国欧盟商会第五届欧盟国际电影节开幕晚宴将在时态空间举行。但是11月1日凌晨，798物业已经把时态空间大门上锁，经营十年之久的画廊被强行封闭。晚宴若想如期进行，必须要打开大门上分别属于物业和时态空间的两把锁。

开幕晚宴的事情最终得以解决，两把锁都打开了，只是说辞又一次截然相反。徐勇在自己的博客上表示，考虑到此事会造成重大社会影响，他决定做出最大限度的忍耐与牺牲，只要798物业让保安离开，打开大门，放工作人员进场，他就答应物业的一切条件，将这次欧盟活动协议和前后收入全部交给物业，并且将活动的一切后续工作也都交给物业来负责。但798物业则表示己方在徐勇没有积极配合欧盟商会活动、拖延开门的情况下出手相助，打开大门，保证了活动的顺利进行。

这次正面冲突导致两方对簿公堂，2012年12月，798艺术区的物业方七星集团将徐勇告到朝阳法院，要求其缴纳拖欠的租金105万元。一审判决后，徐勇向北京市第二中级人民法院提起上诉，经过法院的协调，双方最终达成协议，徐勇同意支付租金84.5184万元。这件事也以徐勇的时态空间退出798艺术区，终止与七星集团物业的租赁关系而告终。

时态空间房租纠纷表面上已经解决，但反映的是商业浪潮下798艺术区面临的更大隐患。这里的房租从2001年的几毛钱一平方米涨至2012年的几元钱一平方米，甚至地段好的商铺在层层转租之后达到8元一平方米。七星集团以厂房出租为主的经营使效益年年大幅上升，房屋出租收入从2002年的数十万元到2011年突破亿元，这已成为七星集团最赚钱的项目。

与之形成鲜明对照的是艺术家们的叫苦不迭。突然封锁的艺术家工作室、关闭的画廊大门、掐断的水电，在2012年前后可以说是798艺术区的常态。徐勇等早期被低价吸引来的艺术家，作为这片艺术土地的发起者和缔造者，见证了798从无到有，从一个废旧大工厂发展为当代艺术的试验场，但此时却变成了被驱逐、被拒绝的一方。

在这一轮战争中，艺术家们败给了高昂房租。短期来看，物业方是胜利了，可以获取更高的收益，但是艺术家和艺术机构是园区内真正的创意主体和一切艺术灵感的来源，是798得以存在的核心。798最重要的元素和最鲜活的力量——艺术家和艺术机构，它们的退出对艺术区是致命打击。

"本土性"创作的缺席

中国当代艺术的发展始终与西方文化的影响密不可分,在艺术区的发展过程中,也不乏西方的影响、关注和参与。

来自美国的"中国通"罗伯特作为最早入住的国际友人之一,2002年在这片废厂区开设东八区艺术书店,它就像凡·高好友唐吉老爹的画材店,是早期聚居798的艺术家交流创作、迸发灵感的温馨小屋;2002年,日本人田畑幸人也进入798开办北京东京艺术工程(BTAP)。

2003年,北京798艺术区被规划为拆迁之地,巧合的是,同年北京入选了美国《新闻周刊》"年度12大世界城市"评选,798艺术区正是入选理由之一。798的闪耀拯救了当时中国居无定所的当代艺术和艺术家们,也摆脱了被拆迁的命运,经历了危机,成为国际知名的艺术街区,吸引

图4-1 尤伦斯当代艺术中心已成为798艺术区的地标之一(作者提供)

了各国政要前来参观，甚至购买艺术品，798开始昂首阔步地发展。2004年后，德国的空白空间、意大利的常青画廊、比利时的尤伦斯当代艺术中心、纽约的佩斯画廊等国际艺术机构纷纷进入798，使这里成为重要的艺术品展示、交易、交流中心。（图4-1）

西方现代美术兴起于20世纪初的纽约，杜尚是毫无争议的鼻祖。从巴黎如火如荼的现代艺术运动到纽约观念至上的后现代艺术更迭，杜尚堪称使地域及艺术转向的桥梁。有良好绘画素养的他到了纽约完全抛弃了架上绘画这一传统形式，创作出《泉》《带胡须的蒙娜丽莎》（图4-2）等惊世骇俗的现成品艺术。美国1950年前后出现的抽象表现主义秉持着"与完成的艺术品相比，艺术家捕捉自我的创造过程更加有趣且值得珍视"的观念。以此，可以在创作过程中表达出艺术家的无意识，这种迷狂的即兴表演被认为是放飞自我的行为艺术。虽看似荒诞不经，但抽象表现主义这类艺术形式是

图4-2 《带胡须的蒙娜丽莎》，杜尚，私人收藏（作者提供）

103

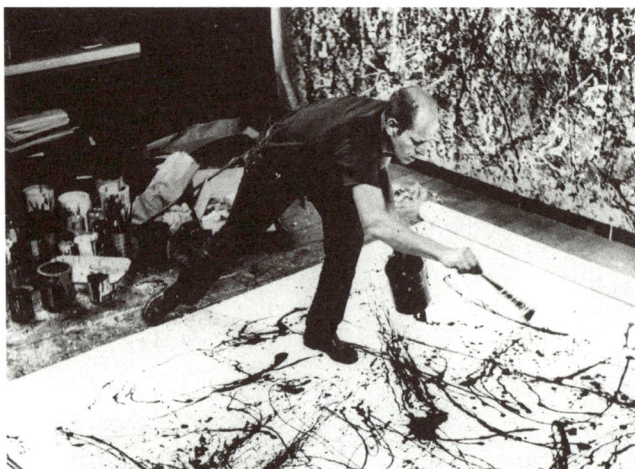

图4-3 正在作画的抽象表现主义先驱波洛克（作者提供）

在整个欧洲传统艺术史的脉络上发展下来的，路径清晰。其中具有试验性、闪烁着探险精神的部分大多接续于西方哲学传统，往往是对艺术边界的探讨和对艺术媒材的花样创新。（图4-3）

中国现代艺术起步晚，刚出现就笼罩在西方的影响下，只能接续于国际现代艺术的语境。向西方学习、模仿就成了自然而然的途径。中国

图4-4 半坡遗址人面鱼纹彩陶盆，新石器时期，中国国家博物馆藏（作者提供）

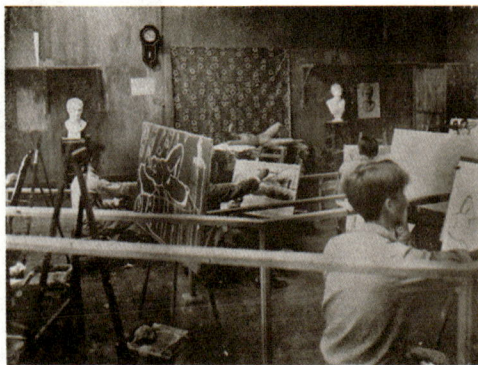

图4-5 1925年上海美专的裸体模特写生课（作者提供）

虽然早在新石器时代就出现了绘画艺术，并有自己几千年的艺术发展脉络。到20世纪初，西方已经将现代艺术进行得如火如荼时，中国的有识之士如徐悲鸿等人开始引入西方传统的艺术教学，进行素描和油画的艺术训练。受到西方绘画方式的影响，中国的画家产生了分野。一部分坚守传统，继续中国画的传承和创作，另一部分则努力去衔接西方艺术脉络并进行创作。所以，中国进行现代艺术创作时，必然要先做谦虚的学习者，从西方艺术中汲取经验。（图4-4）（图4-5）

近几年，798艺术区几乎每年都有数场个展牵动中国乃至世界的艺术神经。2015年佩斯画廊有大卫·霍克尼个展"大卫·霍克尼在中国：春至"（图4-6），2015—2016年林冠艺术基金会有小野洋子个展"金梯子"，2016年木木美术馆有安迪·沃霍尔个展"接触"，2016年尤伦斯当代艺术中心有"劳森伯格在中国"回顾展。这些重量级展览吸引的不仅是艺术界的人，普通游客也争相前来，如洪水般涌进这片街区，场面热闹至极。

与此同时，中国的艺术家对参加国际展览也十分热衷，"威尼斯双年展"堪称当代艺术界之盛事，国内的报道铺天盖地，也有不少没入选的艺术家自费前去举办双年展的平行展览，场面蔚为壮观。为了能融入国际当代艺术的大潮，创

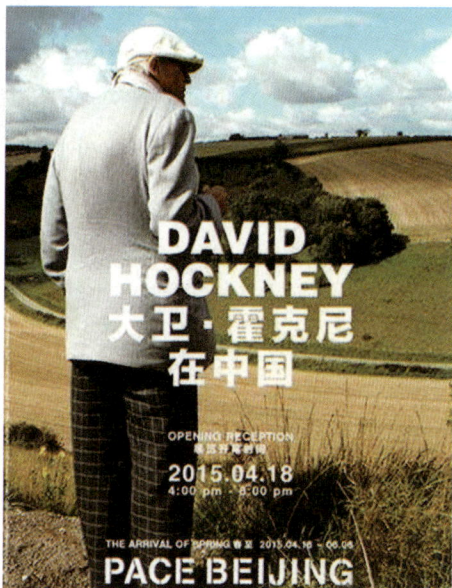

图4-6　"大卫·霍克尼在中国：春至"海报（作者提供）

图4-7 安迪·沃霍尔个展"接触"展览海报（作者提供）

图4-8 "劳森伯格在中国"回顾展现场（作者提供）

作者们普遍尝试用作品对西方哲学家的观点进行阐释并延伸，或者接续西方前代艺术家的观念进行创作上的致敬。（图4-7）（图4-8）

这些事件无不反映了中国当代艺术界对西方的重视和学习。西方当代艺术家在798大受欢迎，不仅因为作品的表现力与震撼力，还因为这些艺术作品的源头——当代艺术的主场就在西方。他们成熟的创作和展览经验吸引着非主场艺术家前来虔诚学习。

中国本土艺术家学习前人的方式创作作品固然好处良多，这可以使他们迅速融入国际当代艺术环境，身赴当代艺术前线与更多艺术家在同一个频道讨论问题。但这种"生怕自己不够当代"的做法似乎有意摒弃本土性，会与我们自己的文化脉络渐行渐远。自己的问题还未发现就去插手别人的问题，似乎本末倒置。

如今，798艺术区的190多家画廊机构中，每天都有新的展览开幕。但大多数时候，观众只是步履从容地走进展厅，迷茫地踱步到作品前徘徊，企图嗅到一丝"有意味"的线索，但最终又匆匆而过，看不懂也无意再探寻其中的奥秘。在西方现代艺术"白盒子"理念的衬托下，观者身处纯洁、干净、理性的白色空间，容易恍惚。因为我们不知身在何处，不论是纽约、香港还是伦敦，作品和场地模糊了辨识度。这不是说那些令人迷茫的作品不好，而是我们必须承认这样的事实：当作品产生的语境脱离了观众生活的环境，那么无法产生心灵和思想上的共鸣也就理所当然。

随着中国观众艺术素养的提高，未来中国艺术家若想喂饱国人的艺术之胃，在发掘中国文化养料、进行独立创作的道路上，还是"路漫漫其修远兮"。

模糊的艺术区定位

798艺术区是因为艺术而出现的，最初这里只有艺术和遗留的工人。但在发展的过程中，各方势力都悄悄潜入。商家进来了、媒体进来了、教育机构也进来了，游人越来越多，798艺术区热闹起来了。走进798艺术区，街道两侧是林立的饭店、咖啡馆、服装店、礼品店，街区深处有面向公众的艺术工作坊和培训班。似乎家家都想乘着艺术的东风分一杯羹，这里不再单纯只有艺术了。

多元的特性为798艺术区注入更多活力，但蜂拥而至的商家也破坏了这里本来的生态。商业热潮使798染上了浓郁的金钱味道，这里由艺术区向着商业区转型，一度变成最受游客欢迎的旅游胜地。高昂的房租也注定了能入住的业主必定财力雄厚且野心勃勃，要来798获得更多的利润。万宝龙、兰博基尼、奔驰等有实力的国际品牌看好这里的艺术与时尚氛围，纷纷来此召开产品的发布会与推广活动。

房租的重压、商业的纷扰使798艺术区一步步将艺术家逼退。留在这里进行艺术创作，势必会受到市场的影响，考虑作品好卖与否，游客是否喜欢。最早进入798的艺术家之一黄锐在《北京798》一书中表述了艺术家的困境：艺术区几乎都沿着从艺术试验到商业的路线进行，艺术区的发展过程就是艺术家在实践中被取代的过程，几乎全体艺术区都不能幸免这一问题。

《高租金冲击798》一文中记录了艺术家李路明的观点，他认为798是作为旅游景点和消费场所而火爆的，与艺术本身关系不大。近年来入住798的大多是画廊、机构、时尚场所，而很少有艺术家以个人身份在此地租住、创作。想以住在798这样火爆的艺术区来提高作品商业价值的想法对艺术家来说太急功近利。若作品本身不好，想要销量好是不可能实现的。

798艺术区的功能越来越多，公共空间属性决定了它的定位有越来越多的可能性。它可以是艺术区，也可以是旅游地、商业区，甚至可以作为公共教育区。公众随意进入和观赏艺术公共空间的同时，也促成了798艺术区重构城市的文化景观和社会空间。这种重构需要是自然发生的，但又不能盲目自由，盲目自由必将使798走向商业吞噬艺术的境地。如今，798的定位摇摆不定。但798艺术区的创始人王彦伶在采访中表示，他们对798艺术区的发展，对艺术机构和艺术家的成长一直密切关注，并有明确的政策支持。所以这里的画廊和艺术家一直是以增长的态势走到今天。

　　显然798在城市中最重要的定位是艺术，但它同时又承担着对公众的审美教育，此外还要为人们提供一个娱乐休闲购物的环境。但这其中的比重如何分配，798艺术区在具体的发展上如何定位，都还需要谨慎实践。

出路：路在何方？路在脚下

昂首中国气质

798艺术区若想从对西方艺术的模仿中突围出来，就需要有立于不败之地的实力，实力取决于艺术的水平和学术的深度。

1. 东方定位

798艺术发展的独特性其实不需要绞尽脑汁地刻意创新，在中华大地几千年的文明中就可以汲取水土适宜的营养。

中国绘画与艺术有深厚的传统，这种水墨的、含蓄的、线条的、形式的背后是饱含深意的艺术方式，具有鲜明的中国特色。但这当中蕴含的本质又与西方现当代艺术追求的理念有许多暗合之处。古代中国记载的画家文人多有轶事野史，这些故事常常充满美感、令人神往。

比如《庄子·外篇·田子方》中记载了一位放浪形骸的画家，在宋元君邀请他及同行去宫中作画时毫不做作，与战战兢兢、毕恭毕敬、仔细观察作画的其他画家相比十分突出。他对着要画的人投入地观察了一番就旁若无人地回家了，在家里解开衣服，不拘形迹，忘我创作。这听起来与抽象表现主义重视真诚的创作过程有异曲同工之妙。

《庄子》里记载的木匠梓庆也是一位世外高人，创作之前要斋戒七日，先忘记自己有"四肢形体"，再无功利地进行雕刻。魏晋南北朝时期的笔记体小说《世说新语》记载的奇闻故事中有王子猷雪夜去看朋友，乘兴而行，虽没看见朋友，但仍兴尽而归。倘若发生在今天，那真是比行为艺术还要精彩、令人震撼。

中国的文化脉络从未中断。北京有着悠久的历史和深厚的文化底蕴，深宫中、城墙下、胡同里、宅院内，浅唱低吟着城市的繁华和厚重。中华文化中的美学传统深深烙印在大街小巷、一砖一瓦，渗透进人们生活的方方面面。艺术家作为社会中游荡着的最敏感的群体，应该像侦探一般嗅到生活中的细节，并精准反馈在创作中。

中国传统文化中对人与自然相处模式的见解、对人与人关系边界的探讨、对艺术应该如何发展的预见，都是如今艺术家可以吸取的箴言。比如徐冰的装置作品《背后的故事：富春山居图》《天书》，李象群的作品《堆云·堆雪》和2016年在故宫展出的《元四家》《苏东坡》等，都是身为艺术家捕捉到的中华魂"集体无意识"的迸发，是传统中国艺术精神的当代表达。与其说创作元素是中国的，不如说创作的内核蕴含着内敛的中国美学传统。（图4-9）（图4-10）

艺术来源于生活，来源于艺术家内心对生命的体悟。中国的艺术家只有立足于自己的文化语境，真诚地创作，才能产生拨动心弦的灵光一闪，才能发现引起共鸣并引发全人类思考的独特问题。所以，只有中国艺术家群体的自我意识增强，建立起独立的创作体系和思考方式，确立文化定位，才能通过艺术创作将798的发展推向更有质量的高地。

"中学为体，西学为用"是洋务运动的先驱们提出的口号，用作对中国当代艺术的希冀同样适用。实施这句口号不易，"中学"和"西

图4-9 《背后的故事：富春山居图》，装置作品，徐冰作，2014年（作者提供）

图4-10 《元四家之王蒙》，高铬不锈钢雕塑，李象群作，2015年（作者提供）

学"之间的度尤难把握。798艺术区作为国内最大的艺术区，每个月都有大量新展览开幕。但是其中立足本民族文化，以自身民族、文化、社会语境为背景创作的作品不管在数量上还是质量上都远远不够。中国艺术家如何在国际当代艺术语境中寻找定位还是个考验，这既需要艺术家们树立文化自信，更需要他们俯下身子倾听身体里涌动的祖先的血脉的声音，感悟新时代社会的伦常，探索中国当代大环境产生巨变的根源，从而创作出响当当的作品，展现出独特的视角。

2. 学术引领

北京是中国文化的中心，各个学科在这里交织、碰撞，迸发出灼灼异彩。艺术界也不例外，北京有中国最多的艺术类刊物和艺术讲座，这里汇聚了最多、最有想法的艺术家、批评家和策展人，是天然的学术发酵宝地。

798艺术区是中国当代艺术的学术阵地，引领着全国当代艺术的发展。这里的画廊不仅是艺术品交易的场所，也是前沿艺术的展演场地，中国最先锋的艺术往往在这里亮相。

尤伦斯当代艺术中心（UCCA）是798内艺术机构的领头羊，每年举办上百场讲座，其中既有国际著名艺术家的重要演讲，也有新鲜的跨界展演。此外还承担着推介艺术新人和挖掘独特作品的重任，2018年8月UCCA为青年导演周圣崴的定格动画《女他》举行专场放映。(图4-11)

2015年北京民生现代美术馆开馆，此后每年举行"中国当代艺术年鉴展"，系统性地展现中国当代艺术在上一年的整体状况。说798艺术区是中国当代艺术的圣地毫不为过，这里的大磁场吸引着艺术家们孜孜不倦地创作、展览，走在中国当代艺术的最前沿。试验性和开创性的艺术出现在这里是家常便饭，有争议的作品也层出不穷。798对全国当代艺术

图4-11　2018年尤伦斯当代艺术中心《女他》放映现场（蔡一晨摄）

的学术引领并非刻意，而是在天然地域优势的加持下闲庭信步地走出了最受关注的轨迹。

一系列的"中国当代艺术年鉴展"梳理出了近些年的三个创作规律：一是对社会和现实的批判和反抗，对社会环境、人际关系的不满和反思。二是将中国传统因素揉进现代语境中，将传统与当下进行一种连接，体现同一代人成长的共同记忆。三是通过新媒体探索新方法以创造出一种新的可能性。这种可能性使人开始思考人机间的联系与边界，思考未来的艺术创作空间和人类生存空间。这三个规律可以总结798当代艺术热火朝天又焦躁的景象，更是整个中国当代艺术的缩影。

如今798艺术区已经不仅仅局限于对当代艺术的直接展览和表面上的推动，也关注当代人对传统、对中国深厚文化遗产的态度。2018年7月"克孜尔石窟壁画主题展"在798的木木美术馆开幕，137幅流失国外的克孜尔石窟壁画以高清图片的形式复现在展厅里。在此展览的主题下，木木美术馆还与新疆龟兹研究院共同举办了"克孜尔石窟与丝绸之路研究"学术研讨会。（图4-12）

此次798艺术区对中国古代美术史中的惊鸿一瞥认真发力，并非与艺术区的定位背道而驰，而是对整个艺术区学术发展的深入推进和提升，也是让这里的学术更加纯粹、摒弃功利的良好开端。在这场展览中，除了壁画复现，也有当代与传统融合的有趣作品：卡德尔·阿提亚（Kader Attia）的影像装置《睁开你的眼》、行为艺术环节"当代精神洞窟"和克孜尔壁画共同构成了名为"僧侣与艺术家"的展览。僧侣与艺术家，两个相隔千里的指代，看似毫不相关的身份何以在同一处出现？这暗示了艺术如同僧侣的信仰一样虔诚、纯粹、动人。独特的展览形式体现了策展团队的别具匠心，他们打破传统的博物馆叙事模式，构建出一种跨时代、跨地域的视角，以一种沉浸式的氛围将观众包围在更容易陷入沉思的场景中。（图4-13）

798对中国当代艺术的引领，还表现在这里吸引着越来越多的高质量艺术媒体的关注。媒体对艺术区内丰富动态的及时报道，使中国最前沿当代艺术的态度传播到各地，这里的批评事件、艺术现场、论坛实录、话语交锋等都可以通过杂志的专栏和新媒体的推送等，第一时间

图4-12 "克孜尔石窟壁画主题展"现场，2018年（作者提供）

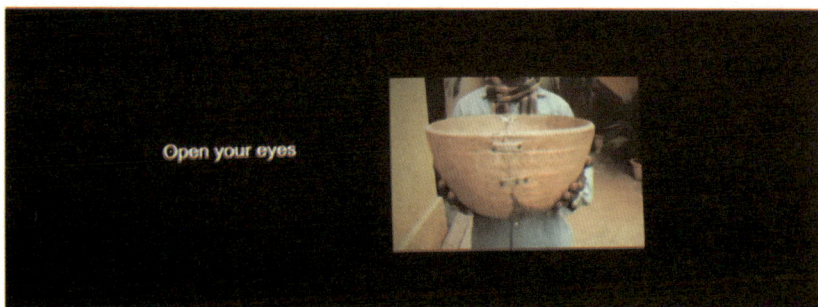

图4-13 《睁开你的眼》，影像装置，卡德尔·阿提亚作，2014年，木木美术馆藏（蔡一晨摄）

飞向各个角落。这让身处全国各地关注当代艺术的人群更加目不转睛地盯着此处，或学习，或反驳，互动积极热情，从而具体实现了798艺术区的学术引领作用。

　　尽管扛起了引领全国当代艺术发展的大旗，798的不足之处仍难掩盖。繁多的讲座和展览研讨会如"乱花渐欲迷人眼"，几乎每个画展的标配都是开幕之后进行的学术研讨活动。但活动质量良莠不齐，大多是在研讨会上对展览作品进行一系列夸赞，对作品的学术意义做出有前瞻性的肯定及拔高，批评之声稀有。这与会议参加人员的单一有关，他们大多是参展艺术家的朋友或活跃于批评界的弄潮儿，缺少新鲜声音的注入，对思想的碰撞和艺术的发展绝无好处。

798作为当代艺术的孵化器注定是多元的，无功利的学术引领才能在这里发挥好作用。未来，798艺术区可以同高校进行密切的合作。

例如吸纳美院不同专业的学生来这里考察、实习、上课、研究，邀请学生们参与这里的讲座和研讨会，不仅是美育的课下延伸，也能使艺术家倾听年轻、独立的声音表达对作品、对艺术真切直观、毫无杂质的看法。除学术性的讨论之外，还可以安排学生参与到798艺术区对公众艺术教育的普及中去，参与第一线服务，如为观众进行展览讲解、开展艺术入门讲座、进行实践教学等。除了艺术专业的学生外，也可以对非艺术专业的学生敞开大门，实现不同专业的对话交流。"初生牛犊不怕虎"，对年轻人的吸纳、包容、鼓励必然会使更多美丽的火花在798艺术区碰撞、绽放。

3. 创意文化旅游

798艺术区是国内游人最多的艺术区。国内媒体在关于798艺术区的评论中，常将它与美国纽约的苏荷区、英国伦敦东区、德国柏林西莫大街相提并论。甚至有人认为到了北京不去798就如同没到北京，故将它塑造成北京地标性文化场所。（图4-14）艺术家李象群曾对798艺术中心做了高度评价，他认为798带有一种国际化、与世界接轨的感觉，它是一个能带动北京未来发展的艺术区。可见旅游价值是798继艺术价值之外的重要

图4-14 798创意广场（吴侗妹提供）

发展潜力。这里吸引了众多世界政要、影视明星、社会名流，更不必说各国的普通游客。2004年以来，法国前总统萨科齐、国际奥委会终身名誉主席萨马兰奇、德国前总理施罗德等几十位政要都先后到访过798艺术区，有些还对798的保护做出过贡献。

从政要频频造访，不难看出798艺术区已经成了北京标志性的旅游地。这里与其他景区不同，传统景区以单纯的实体景点为依托，大多数游客抱着打卡的心态，走马观花地看一看，重游的可能性很小。而798艺术区的旅游价值在于它的文化记忆和文化创意。

4. 文化记忆

798的厂房是在特殊历史时期由民主德国援建的。2004年初798艺术区刚刚萌芽时，曾就拆与留问题上演过热烈争论。保留这里的其中一条重要原因即是798厂作为原华北无线电联合器材厂的厂房，在新中国工业发展历史中有着重要的地位，作为中德友谊的见证，是新中国历史重要的一部分。如今，798的老厂房墙面上还随处可见旧时的大字标语，生锈的旧机器和粗粗细细的旧管道，仿佛诉说着这里曾经的辉煌。

798艺术区如今是中国最典型的正在发展的LOFT文化社区。这里有大量中国传统文化符号以及建厂早期特殊历史时期的痕迹，一定程度上

图4-15　遗留在798艺术区的工业管道（蔡一晨摄）

反映了人们对于民族传统文化的珍视，也体现了艺术家们重新赋予特定历史时期文化符号新的象征意义的审美情结。高大的厂房，工业化时代的旧机器、旧标语、旧语录等，都是烙印在中国人脑海里的旧的景象。这里的工业遗产具有强烈的视觉冲击感，游人来到这里，视觉记忆促使人们思考自己的文化根源。798的工业遗产被以艺术的方式复兴了，视觉元素在此处会点燃来访者的内部记忆。（图4-15）

　　看上去798是一个当代艺术区，是最先锋、最时尚，与传统和遗产无关的地方。但事实上，798的整个区域都是计划经济时期的景观记忆。方方面面的细节在798艺术区内融合成一种历史氛围，这氛围中弥漫着苍老

119

图4-16　从艺术区内保留的工厂遗存仍可以感受到过往的痕迹（王京晶摄）

的语言，低沉地诉说着这里的前尘往事，如同青烟，袅袅婷婷地从798上
升、飘散、凝聚成一面醒目的旗帜。（图4-16）

5. 文化创意

文化创意旅游更多强调艺术创意的更新和浸没式的互动，这种体验
很有趣。游客通过与旅游地的交互，可激发自身的创造力，拉近与当地

图4-17 《英文方块字书法》，装置作品，徐冰作，尤伦斯当代艺术中心展览（蔡一晨摄）

的距离，切身参与到游览地的文化氛围中，这是非同寻常的旅游体验。就如同2018年7月开始在尤伦斯当代艺术中心展出的徐冰回顾展"思想与方法"，其中的装置作品《英文方块字书法》和场景使观者可以坐下来，深入体验艺术家创作的心理状态，认认真真地用毛笔学习写这些"英文方块字"或在电脑中随便输入一些全世界都能看懂的可爱"文字"。这种个性化极强的体验吸引着观者用艺术家的方式做自己喜欢的事情，比如输入自己所在的城市名或写一段日记。

（图4-17）（图4-18）

798艺术区商业价值的核心竞争优势来自于艺术家们永不枯竭的头脑风暴——扣人心弦的艺术作品。数十年来，这里的艺术文创产业一直默默

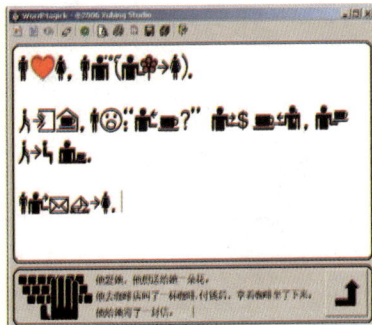

图4-18 徐冰的"地书"（作者提供）

121

前行。最初的小商铺用了许多小心思、小创意，售卖有园区历史烙印的纪念品，多与老旧厂房、旧语录、激情燃烧的年代有关。2010年以前的文创产业刚刚开始探索发展的路径，这些小商品与其他名胜古迹的旅游纪念品也没有太多本质上的不同。游客们会买这些有年代气息的帆布袋、搪瓷杯，把这些逗趣的小玩意儿拿回家留作纪念，仿佛可以封存一段出行的记忆。

（图4-19）（图4-20）

图4-19　木木美术馆文创商店内景（王京晶摄）

随着画廊的增加，艺术家群体壮大起来，观众欣赏水平也日渐提升。游客们对普通的旅游纪念品已经司空见惯，它们既难以激起人们的兴趣，也无法与艺术区的升级相

　图4-20　798艺术区文创帆布包（蔡一晨摄）

匹配。这时出现了越来越多的创意艺术商店，开始售卖艺术类书籍和基于国际知名艺术品生产的周边产品。尽管这些小物件仍然中规中矩，主要是包、卡片、T恤、招贴画等，但艺术仿佛正悄悄走进去和它们游戏起来，为其增添了几分春意。

如尤伦斯艺术商店售卖的印有克里姆特作品的系列帆布包，背着它走在798艺术区，一定格外容易遇到同好。（图4-21）

近五年来，798艺术区的文创艺术品渐渐成熟，兼备创意、品味与实用性。每当有重要展览，展出作品的周边文创产品也会同步发行，颇受追捧。

图4-21 尤伦斯艺术商店的创意帆布包，图案来自克里姆特的代表作《吻》（作者提供）

木木美术馆举办克孜尔壁画展的同时，在艺术商店同步上线了克孜尔石窟主题的帆布包、冰箱贴、纸胶带等文创品，满足了观众"将壁画带回家"的愿望。购买文创商品使观众走到艺术面前，有了更多参与感和新鲜感，也能深切感受到作为大时代中小小的一分子，亲身参与到了艺术创作之中。除了对作品的观赏，对文创艺术产品的追捧也成了促使艺术创作完整的重要一环。

如尤伦斯商店出售带有徐冰"天书"的功夫茶杯，杯身上用"天书"书写着"Happiness"字样，就是以日用品的方式潜入人们的生活，来践行徐冰想要更多人通过"天书"交流的理念。来798艺术区参观的游客并非人人能当得起收藏家，但人人都可以购买同款微型雕塑、画作复

图4-22　克孜尔石窟壁画主题展周边文创商品（蔡一晨摄）

图4-23　印有"天书"happiness的茶杯（作者提供）

制品等，把它们摆放在家里不仅留住了出行的快乐，还封存了体验艺术的心情。（图4-22）（图 4-23）

　　从798艺术区周边文创产品过去的发展变化看，未来的路也渐渐明晰。这里商业价值独特，只有挖掘特色，将产品牢牢定位在以艺术为核心，灌溉人民的精神需要也关注他们的物质需求，才能立于不败之地。在未来，文创产品可以更紧密地跟随798艺术区艺术发展的步伐，根据重要展览情况随时更新文创产品，并进行市场调查跟进顾客的反馈。不仅开发传统纪念品，还要多元发展，满足不同人群的需求，开发日常使用率高、带有艺术元素的实用品和高端艺术周边产品。将这里的文创品做出细节、品质和新意。

整体规划管理

1. 加强业主合作

798的文化产业当然不只局限在艺术周边产品的开发，更要对艺术区文化产业进行整体规划。从物业与业主在2012年前后就房租的冲突来看，对艺术区文化产业发展阶段进行整体的评估和规划，进行统一有效的管理，不仅是对艺术区管理者利益的保护，更是对艺术家、艺术机构及游客的保障。对此可以建立业主委员会，使业主更加直接地参与到798艺术区的整体建设中。

统一举行798艺术节、设立有纪念意义的活动日也可以发挥艺术区的领袖作用。2017年798艺术节以"艺象·筑梦"为主题，共推出系列展、同盟展、户外雕塑展、推介展、艺术交流展等近百场艺术活动。活动种类多样、作品丰富，公众互动充分，吸引了数十万国内外游客前来参观。日本艺术团队teamLab的"花舞森林"、刘索拉的"莫名·其妙：刘索拉的音乐变焦"等展览在国内外引起关注。活动闭幕式上还从园区内的100余场展览中评选出各类奖项，对中国的当代艺术起到鼓励和引领作用。

798在举办沙龙、进行艺术培训、开展夏令营体验、进行艺术品拍卖等活动的过程中，也促使各个机构进行更有意义的合作，为游客提供更高质量的艺术体验。游客不仅学到知识，还能沉浸在艺术的天空之城，放飞自我，感受轻松、愉悦。

尤伦斯当代艺术中心的公共项目不仅有为成年人提供的观影活动、读诗会、绘画课，也为儿童提供工作坊活动。2017年10月6日，尤伦斯当代艺术中心就举行了"中国小party"工作坊活动，鼓励参加的小朋友们装扮成自己喜欢的人物、动物，开展时装设计、概念绘画和吉祥物设计等创作活动。这为艺术区的公共文化发展提供了灵感。

2. 发挥政府作用

2018年北京市发布了《关于保护利用老旧厂房拓展文化空间的指导意见》。这份文件继798高速发展了20年之后发布，正是政府对老旧厂房改造文化空间在管理上的经验总结。文件对保护利用工作如何开展、有哪些政策支持、哪些老旧厂房需要改造利用、如何确保工作顺利实施四个方面进行了详细的说明。

过去的20多年中，798艺术区积累了许多管理上的经验，也有需要改善的地方。与798艺术区管理最直接相关的是政府、七星集团物业和798艺术区自身市场的导向。当年大规模停产、濒临拆迁的七星集团享受到了房租的红利，而过分关注798所带来的商业价值，不断抬高租金，又导致艺术家、艺术机构流失，使798艺术区的优秀作品减少。在798最繁荣的时候，流失了最核心的艺术价值，这是管理的失误，反映了当时的管理团队中缺乏有经验的管理人员，对艺术区的规划和发展方向认识不足。

从表面看，798艺术区越来越市场化或许是哄抬租金的结果，管理机构的职能和理念缺失更进一步影响了798的发展。798艺术区的所有权与管理权合一，从产权、管理权，到整体发展实际利益的独有、独管、独享，导致798的发展没有科学运营的决策，企业也无法对798的国际影响及公共需求负责。以营利为目标，物业无法将厂房长期出租给艺术家或艺术机构，这使业主不敢对未来的发展做出长期的规划。倘若投入大量资金和人力后，房子的租赁权突然被收回，那将造成巨大损失。

《关于保护利用老旧厂房拓展文化空间的指导意见》中，对产权及房租问题提出了解决方案：对保护利用老旧厂房发展文化创意产业项目，经评估认定并依规批准后，可实行继续按原土地权利类型使用土地的5年过渡期政策，过渡期内不收租金。过渡期满后可以按新用途采取协议出让方式或长期租赁、先租后让、租让结合等方式办理相关用地手续。文件中的新举措，实施起来是可以保障艺术机构经营者长期经营规划的权益的。未来文化艺术区的发展令人期待。

3. 辐射其他区域

如今，798作为北京艺术区的领头羊，对周边其他艺术区的辐射作用也不容小觑。

798房租暴涨之后，大量艺术家将工作室迁往通州的宋庄艺术区。这里地处偏僻，不仅房租低，而且游人稀少，安静、单纯，艺术家可以心无旁骛地进行创作。

酒厂·ART国际艺术园由朝阳区酿酒厂部分老旧厂房改造而成，是中央美院的好邻居，有着天然的人才资源优势。这里聚集了大量知名艺术机构和工作室，与798相距不远，交流方便。（图4-24）

环铁艺术区位于朝阳区大山子环形铁道旁，周边有些专业性博物馆如中国电影博物馆、中国铁道博物馆等。离798仅1000米远，但与798如

图4-24　由酿酒厂老旧厂房改造的酒厂·ART国际艺术园（作者提供）

今的熙熙攘攘不同，位于五环的它安静又便利，适合进行艺术创作。

同样是毗邻798艺术区的草场地具有独特的景观，这里的美术馆是统一规划建设的红砖房，砖红的墙体配上形状并不规整的展馆，让人耳目一新。

图4-25　草场地艺术区（作者提供）

这里也有不少艺术机构，展览的试验性、学术性强，更为纯粹，创作氛围也活跃自由。（图4-25）

除了798艺术区周边，在北京的中心繁华地带也有一些艺术区各具特色地生长着。

方家胡同46号院是原来的中国机床厂，它掩映在雍和宫、国子监、孔庙、钟鼓楼这些老建筑附近，从而沾染到了古都文化的气韵。这里的艺术机构不仅有画廊，还有剧场等表演团体。

北京二十二院街艺术区在国贸东南600米处，由多重空间组合构成，建筑独特，传达着中国哲学中和谐的要义。它坐落在商业区中，是现代商业建筑与古典风格巧妙融合的体现。

北京的大小艺术区各自昂首、自由地生长着，各具特色，就像是龙的九个孩子，各不相同。798艺术区就像长兄，发展早、面积大、有主见、实力雄厚。它一路走来的奇妙经历和惨痛教训对"弟弟妹妹们"来说，是榜样也是警示。它雄厚的资源也不是闭塞的，而是流动的活水，与其他艺术区随时互通有无，生生不息。

798艺术区的影响辐射到北京各处的艺术区，而各个艺术区辐射的是每个来到北京的个体。不仅是艺术区的游人，更是身处北京、身处中国的每个人。因为艺术早已润物细无声地浸透生活，它无处不在，悄悄改变着人民的审美，改变着中国人的衣食住行。艺术区的欣欣向荣让人欣喜，中国的美育，已经在路上疾驰。

展望：乘风破浪，未来可期

    2008年左右，这里经历了迅速的商业化。越来越多的参观者涌入，身份各异，艺术家们戏称自己是供人参观的"文化动物"。商业化的浪潮使这里的生活变得不安静了。有人说"艺术带来了经济，经济带来了人群，人群驱逐了艺术"。这句话还真是让人有几分心酸。

    艺术区理应以艺术为主体。在这里，最大的话语权应该属于艺术，而不该是表面以艺术为重，实际话语权在资本手里。艺术一旦完全让位于金钱，自由和纯粹就面临毁灭。城市文化艺术空间作为城市艺术品位的引领和标志，在对艺术偏好和话语权的博弈中升华了城市的格调。艺术品不仅是藏家们的玩物，还是大众的品位和城市文化发展程度的体现。城市里的艺术空间不仅仅是城市的一个角落，更是提高整座城市审美教育的核心力量。在这里，人们欣赏美术展览、参加艺术沙龙、听文化讲座，通过各种方式潜移默化地培养个人的艺术素养。

    过去，在那个讲究专业性和单纯性的时代，艺术只存在于美术馆、画廊或特定的城市空间，只表现思想性或审美性，来观赏的也只是具有艺术鉴赏力的群体。但在如今信息化的时代，随着新媒体的出现和传播技术的发展，艺术可以传播到任何地方被任何人和群体欣赏。所以如今的艺术区也不是单一的只为艺术而存在，而是一个不断与观者发生互动、具有传播性的全新空间框架。在这样的空间里，不仅是艺术家和画廊在参与艺术活动，这里的咖啡馆、餐馆、服装店、礼品店、培训机构等都在有意识地向艺术靠拢，艺术成为弥漫在艺术区里的空气。此外，艺术区对城市的影响也是多层次的，画家刘明亮认为，798艺术区是多元的，它不仅是艺术的，也是经济的，更是集艺术、文化、政治、经济、社会变迁等于一身的复合体。

人们来798艺术区既可以接受艺术熏陶，也可以放松心情、消磨时光。这里可以增添自己的娱乐内容，使人们同时获得物质和精神的双重享受。娱乐因素的扩充会让游人更加注意到798，渐渐地，在798艺术区获得的体验会化为市民生活的一部分。

798艺术区的空气时时刻刻熏染着北京的民众，使审美教育深入生活。万不可轻视美育的作用，蔡元培先生曾说，"美育是最重要、最基础的人生观教育"。当城市里越来越多的居民有了艺术素养，整座城市的面貌会焕然一新。对浸润在深厚文化传统中的北京来说，当代艺术像是"忽如一夜春风来，千树万树梨花开"。虽然来势汹汹，但大多数人只能看个热闹，好一点的也是一知半解。在这种情况下，一个有着充分魅力和开放性的艺术区，一个艺术的综合体，一个欣赏艺术的公共区域对公众艺术品位的塑造是举足轻重的，可以引导城市向更高的层次发展、开拓。

在未来，798艺术区不仅是艺术家的自由乐园，也会是公众精神与物质的休闲之地。

这里的建筑是具有审美性的，能给人以视觉的轻松和愉悦。艺术家将大跨度、高架构的厂房改造为LOFT，在保留厂房结构元素的基础上

131

创造出更灵活的工作生活空间，这样既满足了艺术家对工作室功能的需求，又保留了工业外观和特殊年代的历史感：粗糙的墙壁，灰暗的水泥地面，裸露的钢结构。工业生产的规范与艺术创作的不羁在这种建筑形式上碰撞，产生独特的视觉矛盾，形成了令人好奇的效果。798工业建筑的大窗户保证了空气的流通和阳光的充足。宽敞的空间、明亮的光线对从事创作的艺术家们大有好处。

对游人来说，经常到798消费会形成一种身份认同，它代表了接受新鲜事物的开放心态和不俗的审美。人们到这里不仅是购物，也是在感受一种情绪共鸣和文化认同。艺术区不仅给城市居民提供了观赏艺术、购买艺术品的地方，更提供了约会朋友、户外活动、放松心情的地方。许多新婚夫妇、青葱少年、街头潮人都来这里拍艺术照，在年轻人心中，这是北京城最有文化品位和时尚意味的区域之一。这里的社交活动、艺术活动是放松休闲的好方式，让繁忙工作之余的人们有地方度过一段悠闲惬意的时光。

人们来798不仅是欣赏艺术，更是在体验艺术。对艺术的体验不仅体现在感观上，还应是全身心的一种浸入。798艺术区本身就是一件巨大的艺术品，人身居其间就如同进了一个全景体验场。这样的空间会最逼真地刺激观众的想象：视觉、触觉、听觉、时间、空间……在这里，艺术家和观者会从传统的创作者与接受者的关系中解放出来，逐渐变为建立在彼此互动基础上的合作关系。观众的个人经验是艺术作品中的偶然因素，这些独一无二的反馈为作品的创作完成闭环。这对艺术家和观者来说，都是一种情绪的释放。

艺术本身是无功利的，只有无功利的心态才能做出最本真的创作。798艺术区作为审美的休闲之所也是城市中一处无功利的存在，为快节奏的焦躁都市生活添一汪清泉，画一抹亮色。

　　城市发展必然是变化的，若无新陈代谢，城市会变得毫无生意。798从厂房到艺术区，是对旧建筑如何完美融入现代都市的较成功的尝试。当一座建筑失去本来的功用，要以怎样的形式才能转化为现代都市的一部分？对这个问题的探索是一个长期的过程，也可能需要几代人参与进来。能否顺利地对文化遗迹进行保存与时代背景、人文环境、体制规章等很多因素有关。在798艺术区的发展上，虽然可以对国外早先发展成熟的艺术区进行借鉴，但方法只能应用变通而不可生搬硬套。

　　798艺术区经过20年左右的发展，经历了一些起起伏伏，如今正越来越成熟、多元、自信。未来，798不仅是城市艺术的空间，也将成为北京市民不可或缺的重要精神乌托邦。这里将成为物质和精神的双重消遣之地，成为集艺术、培训、餐饮、游乐、公共教育等为一身的城市休闲综合体，成为最先进的技术应用于艺术的试验场地，成为最新潮艺术的发布、讨论之所，最快乐的艺术游乐场，最放松的"满血复活"港湾和最有品位的商品交易处。

　　当然，对城市来说，这里承担的美育作用会越来越重要。蔡元培先生在《以美育代宗教说》里的话可以回答为何"美育"对社会而言如此值得重视："纯粹之美育，所以陶养吾人之感情，使有高尚纯洁之习惯，而使人我之见，利己损人之思念，以渐消沮者也。"美育使人民高尚、温和、纯粹，进而影响城市，影响整个国家……这样说来，798艺术区未来的发展就更加令人期待！

参考文献

［1］吕澎，易丹. 1979年以来的中国艺术史[M]. 北京：中国青年出版社，2011.

［2］高名潞等. 中国当代美术史1985—1986[M]. 上海：上海人民出版社，1991.

［3］吕澎. 中国当代艺术史：2000—2010[M]. 上海：上海人民出版社，2014.

［4］高名潞. '85美术运动：80年代的人文前卫[M]. 桂林：广西师范大学出版社，2008.

［5］巫鸿. 关于展览的展览：90年代的实验艺术展示[M]. 北京：中国民族摄影艺术出版社，2016.

［6］当代北京编辑部，陈义凤. 当代北京798史话[M]. 北京：当代中国出版社，2013.

［7］黄锐. 北京798：再创造的工厂[M]. 成都：四川美术出版社，2008.

［8］叶滢. 798的故事[M]. 北京：新星出版社，2009.

［9］叶滢. 窑变798[M]. 北京：新星出版社，2010.

［10］吕澎. 中国艺术编年史：1900—2010[M]. 北京：中国青年出版社，2012.

［11］邹明奇. 北京798艺术区现状研究[D]. 保定：河北大学，2012.